Vergangene Gegenwart

Mit der Vergangenheit

ist es so,

sie war gerade noch Gegenwart

und hatte einmal

einen Kern

von Zukunft.

Wenn sie auftaucht,

aus dem Nichts,

ist sie gegenwärtig.

Nimmt Raum ein.

Doch ohne Zukunft.

Die hat sie schon hinter sich.

Beendet.

Irgendwie.

Doch Spuren gelegt.

Zielsicher.

Erika Esther Goldschmidt

Vergangene Gegenwart

Inhalt

Vorwort

In seiner Einführung zum 2. Band der „Ahnentafeln berühmter Deutscher" stellt Johannes Hohlfeld mit Recht fest:

„Die Ahnentafeln sind stumm - erst die ausdeutende Darstellung ihres Inhaltes kann sie redend machen. So groß die Freude des Ahnentafelforschers an einer lückenlos aufgestellten Ahnenreihe ist - es sind doch nur Namen und Zahlen, die er gesammelt hat, und es ist vorerst nur die reine Freude des Sammlers, die ihn beherrscht. Er darf es dem Laien nicht verdenken, wenn dieser gelangweilt fragt, was denn nun mit dem Wissen und dieser langen Reihe von Namen und Zahlen gewonnen sei."

Johannes Hohlfeld in 2. Band der „Ahnentafeln berühmter Deutscher

Paul Tillich versuchte sich an einer neuen Systematisierung der Wissenschaften und ordnete die Genealogie den „Gestaltwissenschaften" zu.

„Die Genealogie hat die Aufgabe, verwandtschaftliche Zusammenhänge zu erforschen und die Wirkungen dieser Zusammenhänge in biologischer, psychologischer und soziologischer Hinsicht zu untersuchen. Sie hat also eine mehr naturwissenschaftliche und eine mehr soziologisch geschichtliche Richtung, und jede genealogische Arbeit wird nach einer dieser beiden Seiten schärfer ausgerichtet sein, je nach der Anlage des Forschers und nach dem Ziel seiner Forschung."

Und ich? Was mache ich hier?

Weder das eine noch das andere! Natürlich habe ich einen fast lückenlosen Stammbaum erstellt und in einem Ahnenprogramm gespeichert, Dokumente gesammelt, Fotos gescannt, in Archiven gestöbert, Standesämter angeschrieben und dabei viel Geld ausgegeben. Doch dann war das Sammeln allein plötzlich nicht mehr genug. Geschichten haben sich eingeschlichen und breit gemacht in meinem Kopf.

Irgendwann im Leben eines jeden Menschen taucht wahrscheinlich die Frage auf: „Woher komme ich?" sehr schnell gefolgt von der Frage: "Wohin gehe ich?"

Wir besinnen uns auf uns selbst und je mehr wir in uns hineinhorchen, umso mehr entdecken wir, welche Vergangenheiten uns insgeheim beherrschen. In einer schwach erleuchteten Kammer öffnen wir langsam eine alte Schatztruhe und wir finden Geschichtsbücher, in denen von Freude, Trauer, Wut, Verzweiflung, Angst und Scham die Rede ist.

Stimmen aus Kindertagen werden wieder hörbar, viele verschiedene Stimmen werden laut, ja, manche rufen uns sogar. Einigen möchten wir nicht lauschen, andere erzeugen in uns ein Gefühl der Sicherheit, der Geborgenheit, und wir lächeln, wenn wir diesen Stimmen unser Gehör schenken. Gerade diese Stimmen sind es, die unsere Gedanken in Bewegung bringen und den Wunsch in uns aussprechen lassen: „Bitte erzähl weiter!" Oder wie wir als Kind oft gesagt haben, wenn die Mutter oder Großmutter uns ein Märchen erzählt hat: „Ach, bitte noch einmal von vorne!"

Ich will diese Geschichten so aufschreiben, wie sie mir gerade einfallen, und ich will auch nichts sortieren. Es geht gar nicht anders. Jede dieser Geschichten wird sich im richtigen Moment wieder erzählen lassen.

Ja, es sind die Ahnen (ein fühlbar großes Wort), die zu uns sprechen und langsam in uns wieder Gestalt annehmen.

So schreibt Anne Ancelin Schützenberger in ihrem Buch „Oh, meine Ahnen", 1. Kapitel, Die Genealogie der transgenerationalen Methode: „... Sie und ich, wir leben als Gefangene in einem unsichtbaren Spinnennetz, einem Netz, das wir zugleich selbst weben. Wenn wir unsere Wahrnehmung erweitern könnten....dann könnten wir die Wiederholungen und die bedeutungsvollen Zufälle in unserer Familiengeschichte erfassen und besser verstehen."....„Wir würden uns bewusster, wer wir sind und wer wir sein könnten."

Von welchen Ereignissen ist denn meine Familiengeschichte geprägt?

Fast ist es überflüssig, zu sagen, dass meine Ahnen unter anderen Lebensbedingungen aufwuchsen, lebten und liebten. Sie waren Handwerker, Bauern, Gelehrte und Soldaten. Mal waren sie arm, mal wohlhabend und vielleicht auch mal reich. Sie erlebten Kriege, den frühen Tod ihrer Kinder, Ehestreitigkeiten usw. Aber sie erlebten auch die Freuden des Alltags, die Hochzeit, die Geburt des ersten Kindes, den herrlichen Sommer, das Feuer im Ofen an einem kalten Wintertag.

Doch unglaublich viele starben in den Konzentrationslagern des Deutschen Reiches unter Nationalsozialistischer
Herrschaft. Manchmal leide ich ihre Qualen mit. Die Angst
derer, die in stickige Waggons gepfercht einem unvorstell-
baren Grauen entgegenfuhren.

Ihnen gilt meine ganze Aufmerksamkeit, niemals sollen sie
vergessen werden.

„Die Toten sind unsichtbar, sie sind nicht abwesend."

Hl. Augustinus

Vergangene Gegenwart

Dezember 2002

Wieder einmal ein klarer Wintertag mit Frost, die Sonne scheint auf meinen Schreibtisch. Eine herrliche Ruhe breitet sich über dem Hof aus.

Habe begonnen, meine Wurzeln auszugraben nach Neujahr.

Wie viele Verwandte ich haben könnte, Onkel, Tanten, Cousinen und Cousins. Es bräuchte einen Festsaal, um die Familie unterzubringen und aufzutischen, wenn es etwas zu feiern gibt. Es hätte mir Spaß gemacht, wie in alten Filmen, *Hochzeit auf dem Lande* oder so. Jeder müsste ein Namensschild tragen. Ich habe die meisten nie kennen gelernt und es ist alles schon über 50 Jahre her.

Jetzt schaue ich die Fotos an und die sind so alt, dass ich unweigerlich in Schwarzweiß weiterspinne.

Ich will es kurz machen, um es gleich zu sagen: Ich entstamme einer jüdischen Familie.

Habe mir immer schon so einiges dabei gedacht, habe in meiner Kindheit „jüdisch" gelebt.

Die Feste gefeiert, Chanukka, Jom Kippur, Pessach, Purim, Rosch ha Schanah usw.

Ich fand es „toll", eine andere Religion zu haben als meine Schulfreunde. Mit sechs Jahren habe ich nicht gewusst, dass es zu anderen Zeiten nicht so „toll" war, Jüdin zu sein. Als ich es dann wusste, war ich stolz darauf und habe allen erzählt, wie das so ist mit dem Judentum. Die vielen Toten waren mir noch nicht bewusst. Das vergangene und heimlich gegenwärtige Leid in meiner Familie war noch nicht an mich herangetreten. Mein Vater wollte es nicht so gerne, dass die anderen Menschen wissen, dass wir Juden sind. Ich begann, etwas zu ahnen. Als junges Mädchen habe ich es dann verstanden. Ich begann zu trauern. Doch tatsächlich mehr um mich, die ich mir eine große Familie gewünscht hätte, als um die Umgekommenen. Meine Trauer war egoistisch, kindlich egozentrisch. Ich wünschte, dass all die Toten mich gekannt hätten.

Wer denkt sich was, wo er herkommt? So lange man jung ist, wird alles Neue interessant, weil es fremd ist, dich anzieht oder etwas Neues, was dich begeistert, was du kennenlernen willst.

Und jetzt?...Jetzt mache ich mich auf den Weg, meinen Stamm und meine Wurzeln anzuschauen.... Es ist bestimmt das Alter, das mich auf diese Suche geschickt hat. Nach einem halben Jahrhundert scheint es an der Zeit zu sein, festen Boden in der Biografie zu erreichen.

Januar 2003

Es ist spannend, wenn ich ins Internet gehe. Da ist die Internetseite *Jewish-Gen*. Hier tauscht man sich aus, hier hilft man sich bei der Suche nach Lebenden und Toten ...hauptsächlich Toten ... das ist beklemmend.

Ich bekomme auf meine Anfragen hin viele liebe Briefe. Man will mich aufnehmen in die Sippe der Goldschmidts aus Kassel, weil ich doch noch so alleine bin. Ich möchte meine Familie finden, fühle mich aber aufgehoben in dieser großen jüdischen Gemeinschaft.

Ich weiß, es muss noch Überlebende in Amerika geben. Hilde, die Jüngste, sie kann noch leben.

Eine E-Mail erreicht mich. Sie beinhaltet den Namen einer Frau, Hilde L. in Arizona. Sie könnte es sein ...Oh, wie bin ich aufgeregt!... Die „white pages" müssen herhalten, Telefonnummern werden verglichen, Altersangaben kontrolliert. Es passt, die Frau in Arizona könnte meine Tante Hilde sein.

Soll ich anrufen? Was sage ich? Mein Englisch ist nicht so gut. Was kann schon passieren? ... Mehr als ein Irrtum kann es ja wohl nicht werden.

Ich rufe an...

Hilde? Yes! Are you Hilde Goldschmidt? Yes I am! Wer spricht da? Ich - Erika. E R I K A?...Wer ist dein Vater... Arthur... ERIKA!...Mein Gott ... wir haben uns wiedergefunden!

Wir telefonieren Stunden. Tauschen uns aus. Ich höre von meinen Cousinen und Cousins, höre von Nichten und Neffen. Schreibe E-Mails an alle, die Internet haben.

Ich habe wieder eine große Familie. Kenne niemanden, aber das kommt, das kommt. Ich werde nach Arizona fliegen, ich werde einige sehen und sprechen.

18.Januar 2003

Ich höre nicht auf mit meiner Suche nach Olafs Verwandten, auch hier kann es noch Lebende geben.

Es ist kaum zu glauben, ich hab eine Reaktion erhalten auf meine Internetanfrage. Da ist ein Mann aus Schweden, der direkter Nachfahre von Wolff Zimak ist. Das heißt, er ist mit meinem Mann verwandt, Olaf.

Ich bin nervös, ja, zittere sogar.

Vor einer Woche habe ich meine Tante Hilde gefunden und jetzt einen Fred Zimmak in Stockholm.

Ich schreibe sofort eine E-mail, schicke Informationen über Leopold und Flora Zimak nach Schweden. Es ist spannend.

Wer ist das dort in Stockholm? Ob er nett ist? Ob man in Kontakt bleibt?

Stockholm ist gar nicht so weit. Man könnte sich besuchen, miteinander reden. Ich bin nicht mehr allein mit meinen Gedanken. Wir suchen dieselben Menschen. Dieselben Schicksale.

Der Januar verliert an Kälte, es wird warm in mir. Mein Herz klopft. Was werde ich erfahren? Ich ahne es. Tod und Leid, aber auch Freude.

E-Mails gehen hin und her, Fragen und Antworten häufen sich.

Ganze Familien erwachen hier zu neuem Leben.

Die Zimaks, die Rosenbergs, die Steiners, die Katz` und auch die Goldschmidts! Alle die Toten und Lebenden scharen sich vor meinem inneren Auge. Fotografien aus Stockholm bringen die Bilder noch mehr in die Wirklichkeit.

Auch hier Verfolgung, Tod, Tragik, aber auch Überleben, neue Hoffnung.

Wir schicken einander Fotos von unseren Familien. Die Kinder haben die gleichen Namen: Sarah und Anna. In Schweden heißen sie Sara Lovisa und Anna Helena. In Deutschland heißen sie Sarah und Anna, Lea. Welch eine Parallele! Anna und Anna, nur einige Tage nacheinander geboren. Im selben Jahr. Löwenkinder! Gibt es da noch mehr Ähnlichkeiten? Sind da Schicksale verbunden?

Nun ja, Olafs Familie mütterlicherseits kommt auch aus Schweden! Schließen sich Kreise?

Wo nimmt die Linie ihren Anfang? Ursache und Wirkung, Kausalitäten, Karma, was auch immer. Ich entwickele kriminalistischen Spürsinn.
Seine Frau sieht schwedisch aus, er jüdisch, südamerikanisch oder slawisch, wie man auch immer die Gesichtsausdrücke vorurteilshaft in Kategorien einteilen will.

Wie wird unsere Verbindung sein?

"Please keep in contact", schreibt Fred.

Natürlich, natürlich will ich das, ganz bestimmt! Ich werde doch nicht das einmal Gefundene wieder verlieren wollen! Es ist so aufregend!

Olaf bekommt irgendwie nur die Hälfte mit. Er glaubt es noch nicht. Er ist krank, irgendetwas stimmt nicht. Auch das ist sehr aufregend und beängstigend.

17

Wie wird das Jahr werden? Was kommt auf mich zu? Ich habe das Gefühl von Veränderung, da alle Toten um mich herum sind. Die Goldschmidts und die Zimmaks.

Sie wollen etwas von mir, von uns ? Was, was nur kann es sein?

Sie begleiten mich durch meine Tag– und Nachtträume. Sitzen neben mir im Auto, sprechen mit mir, erzählen mir von ihrer Vergangenheit. Werden lebendig. Auch hier: **Please keep in contact!** Ja, ich verspreche es euch allen, den Toten wie den Lebenden.

Fritz und Grete, ihr seid mir so nah, ich weiß nicht, warum. Fritz, deine Augen, sie sehen mich an, dein Foto gibt mir Kraft, mich auf die Suche zu machen, nach euer aller Geschichte, nach meiner Geschichte. Meine Biografie wird wieder wichtig, weitet sich aus, Wurzeln werden sichtbar, Verbindungen tauchen auf, Kreise schließen sich. Grete, ich sehe, dass ihr euch geliebt habt, ihr seid so jung auf dem Bild, ihr seid so jung umgekommen. In Riga.

Fred kommt näher, auch hier das Gefühl von Nähe, das Gefühl von Verbindung und gemeinsamem Schicksal!

Was geschieht hier? Die Familien vermischen sich.

Fritz, Grete, Else, Danny, ich sehe euch in Riga, in Stutthof. Verzweifelnd stumm, die Schrecken sind so groß. Dann das Sterben, der Tod. Kleiner Danny. Ein Baby noch.

Martha, Heinz, ich sehe euch in Auschwitz. Die Angst, die Toten, die vielen Toten, die Gaskammer. Kleiner Heinz, du solltest doch gerade in die Schule kommen, dein Tornister, mit dem du nach Auschwitz gekommen bist liegt nun gestapelt bei den Koffern all derer, die dir in den Tod vorausgegangen sind. Deine Schuhe bei den Tausenden von Kinderschuhen.

Tante Julchen, dich habe ich noch gekannt, als ich Kind war, du gehörst zu meinem Leben, zu meiner Biografie. Du warst auch in Auschwitz. Weil du Hilde nicht verraten hast, Hilde, die in Holland untergetaucht war, Hilde, die nun in Arizona lebt, in Sun City. Schöner Name. Diese Stadt mit diesem Namen gönne ich dir von Herzen, Hilde.

Julchen, die Unterwäsche, die man dir im Lager gab, war mit dem Namen deiner Mutter gekennzeichnet. Da wusstest du , dass deine Mutter Fanny nicht mehr lebt. Du hast ihre Wäsche tragen müssen. Ein merkwürdiger Gedanke taucht auf. Vielleicht hat dich das auch überleben lassen?

Fanny, du bist meine Großmutter, die Mutter meines Vaters Arthur, der Frau und Kind in Auschwitz verloren hat. Fanny, du wolltest ausreisen, aber nicht ohne deine Kinder. Es sollte in die Dominikanische Republik gehen, bereits 1938, deine Tochter Lina war bereits in den USA mit ihrem Mann, dein Sohn Kurt in England, dein jüngster Sohn Walter war schon lange tot, er wurde nur 6 Jahre alt. Lungenentzündung. Dein Sohn Julius auch. Ein leidenschaftlicher Reiter. Leukämie ließ ihn sterben...22 Jahre alt. Dein Mann Hermann starb schon 1935, da warst du allein mit deinen Kindern. Hast dir gewünscht er möge doch jetzt bei dir sein, dir helfen in dieser unbeschreiblichen Not. Nun solltest du auch fast alle anderen verlieren.

Deine Schwester Johanna mit ihrem Mann Israel und dein Bruder Emanuel, auch sie werden nicht verschont.

Ich schreibe eine E-Mail: Fred, geht es dir genauso? Du wagst nicht darüber nach zu denken, schreibst du. Ich kann mich dieser Gedanken nicht erwehren. Du bist wie ich, ein

Kind der Überlebenden, geboren, weil die anderen gestorben sind. Vergast, erschlagen, erschossen!

Der zweite Versuch unserer Väter, eine Familie zu haben. Unsere Väter haben uns geliebt, unsere Mütter sowieso. Unsere Väter haben Hoffnungen und Wünsche in unsere Kinderseelen gepflanzt. Die gleichen Wünsche, die auch für Heinz und Danny in Erfüllung gehen sollten? Über ihr Leid haben sie nie gesprochen. Das wollten sie uns nicht antun. Doch gerade ihr Schweigen hat uns, als wir älter wurden, unruhig gemacht.

Haben wir diese Wünsche erfüllt?

Nein, bestimmt nicht alle. Einige ganz bestimmt. Wir leben. Sind nicht vergast, nicht erschossen!

Manchmal glaube ich, dass dieser Schrecken, diese Angst, dieses Leid in unseren Zellen weiterlebt. Dass sie uns bestimmen, in allem, was wir tun. Meine Tochter Anna Lea leidet unter Angstattacken. Niemand weiß warum. Sie selber auch nicht. Kein Psychologe, kein Therapeut kann eine Ursache finden. Liegt der Urgrund dieser Angst in der Familienvergangenheit? Deine Tochter Sara Lovisa hat ähnliche Ängste. Auch hier haben wir beide ein ähnliches Schicksal zu tragen.

Jede E-Mail sagt mir mehr über dich, über uns, über unsere Parallelleben. Ähnlichkeiten, Gleichheit. Ich muss dich sehen, muss dich sprechen, dir gegenüberstehen, dich ansehen! Irgendwann einmal.

Ich spüre eine unendlich tiefe Verbindung zu dir. Warum? Was wird geschehen?

Wir schreiben Privates, nicht immer die Ahnen. Was machst du heute? Ist es kalt bei euch?

Die Tage vergehen E-Mails kommen, E-Mails werden geschickt.

Fred isst Erdbeeren auf dem Balkon. Ich möchte dabei sein, auch Erdbeeren essen.

Dann wieder die andere Geschichte. Ich schicke Fred die Auswandererakte von Leopold und Flora Zimak.

Von Hamburg nach Shanghai sind sie gegangen, Leopold, Flora und die Tochter Ilse mit ihrem Mann Martin Fleischer. Ursula ist wie meine Tante Hilde in Holland untergetaucht.

Sie haben es geschafft, sind entkommen mit der großen Auswanderungswelle nach dem Verhängnis der Reichskristallnacht.

Gedanken:

Da mag eine Stille gewesen sein nach dem Terror der Nacht, Brandgeruch, die Scham des Morgens nach dem hemmungslosen Exzess. Noch lodern die Flammen, noch liegen Steine und Glas in den Straßen. Steine, geworfen nicht nur von Braunhemden. Arrangiert alles wie ein alter belebter Kult. Weihen und Entweihen, wie nah es doch beieinander liegt.

Ob Leopold schon eine Ahnung hatte? Als Kaufmann im eigenen Geschäft konnte er den Leuten auf's Maul schauen und das Gesicht sehen, das sie dabei machten. Was hilft's wenn eine sagt: „Es sei eine Schande, aber wir halten ihnen die Stange Herr Zimmak, das können sie mir ruhig glauben." Ja, ruhig glauben, das wäre eine Haltung, die vielleicht ein Bleiben ermöglicht hätte, eine innere Gewissheit,

21

wie sie sie am Anfang dieser „Bewegung" gehabt haben. So etwas kann sich nicht halten, die müssen sich schon an die Regeln halten, lernen, wie man sich zu bewegen hat, abseits der Aufmärsche und dieser ganzen furchtbaren Reden und Tiraden.

Aber nun geht es schon ins siebte Jahr und immer weiter mit neuen Erlassen und Gesetzen die, genau betrachtet, kaum mehr Möglichkeiten lassen, sich frei zu bewegen.

Was einen hält, sind die vernünftigen Leute, die wohl immer noch in der Mehrzahl sind. Der liberale Geist dieser alten Handelsstadt, der sich doch so einfach nicht ergeben kann, kapitulieren kann vor einer primitiven Ideologie der Ausgrenzung und Gleichmachung. Aber die Gewalt ist plötzlich handgreiflich spürbar und sie trägt den Brandgeruch unmittelbarer Zerstörung.

Vielleicht war es auch Flora, die Blume, deren Nase empfindlicher war für die Unvereinbarkeit von schwelend brenzligen Dünsten mit dem Geruch der frischen Wäsche draußen auf der Leine, die sagte: „Bitte lass uns gehen!"

So ist es jedes Mal, wir schicken uns Namen, Daten, und dann werden die Geschichten in uns lebendig. Entstehen in unseren Herzen, in unseren Köpfen.

Plötzlich tauchen „die Schweden" auf. Für ein paar Tage haben die „Umgekommenen" Ruhe.

Schweden: Olafs Ahnen

Namen, Namen, Namen, die weit zurückreichen. 1730, 1706. Arme Leute, alle Kätner und Soldaten. Wobei Letztere, was den Hunger betraf, es doch wohl etwas leichter hatten.

Viele Kinder, früh gestorben. Schwindsucht und Auszehrung. Keine stetige Bleibe. Vor Weihnachten wird umgezogen, Jahr für Jahr. Eine Arbeit, ein Unterschlupf gesucht, bei jemandem der dazu in der Lage ist, solch ein armes Völkchen bei sich aufzunehmen.

Nein, wahrhaftig nicht, unsere Kinder stammen nicht aus Adelshäusern. Aber sie tragen auch Siege und Niederlagen davon. Siege im Aushalten, Siege im Überleben. Von den Niederlagen muss ich jetzt gerade nicht sprechen.

Vielleicht kann man nur verharmlosen, wie ich es jetzt tue. Man kann nur beschreiben, sich ausmalen will wohl keiner, was da passiert. Bei den Gummessons, Andersdotters, Johannssons, Häkonssons, Zimaks, Rosenbergs,Goldschmidts und und und und ...

Die Anna Johannsson, Olafs Großmutter, hat kaum noch gesprochen. Aber die Augen, die Augen, erzählt man sich. Warum sie nicht gesprochen hat? Diese Frage ist ihr nicht gestellt worden und so bleibt die Antwort bis heute offen. Ich ahne es.

Oktober 2003

Ich treffe mich mit Fred in Schweden.

Die Erkenntnis, dass wir zusammengehören erschrickt uns kaum. Wir wissen es schon lange. Wir haben es schon bei unserem ersten Kontakt gespürt und nun ist es Wirklichkeit geworden. Wir haben uns gefunden. So, wie man es sich immer wünscht. Wir reisen oft durch Schweden. Statten der Vergangenheit einen Besuch ab. Die schwedischen Vorfahren meiner Kinder haben wohl schon lange darauf gewartet. Diese Ahnentafel lässt sich bis 1592 zurückverfolgen. Wir fotografieren Wohnhäuser, Kirchen, Friedhöfe, Grabsteine. Dokumentieren Familiengeschichte. Genießen die wunderschöne Landschaft, die Heimat Anna Johannssons.

Wir reisen an die Geburtsorte unserer Mütter und Väter. Wir entfernen Efeu von uralten Grabsteinen und entziffern die Namen derer, die schon vor langer Zeit gegangen sind.

Auf dem jüdischen Friedhof in Wien.

Wir stöbern in Archiven, suchen und finden vergangene Ereignisse, die in unseren Familien einmal wichtig waren. Die Lebensgeschichten unserer Ahnen erlangen Konturen. Die Konturen füllen sich mit Farbe und werden zu Bildern. Die Bilder beginnen zu sprechen. Kleine Geschichten in der großen Geschichte. Holografisch. Wir sehen nicht mehr nur die Oberfläche, wir beginnen, zu begreifen, dass es einen roten Faden gibt.

Osterferien 2004

Wir reisen nach Amerika und im Herbst desselben Jahres nach Wien. Besuchen Lebende. Endlich.

In Amerika: Tante Hilde, die Schwester meines Vaters. Meine Cousine Elfriede, die katholisch erzogen worden ist.

Das ist schon wichtig, zu erwähnen, da meine Tanten Lina und Rosa christliche Männer geheiratet haben.

In Wien: Freds Cousin Rudi und dessen Familie. Wir haben uns vorgenommen, gemeinsam die Welt zu entdecken, die Gegenwart neu zu gestalten und die Vergangenheit zu erhellen. Für uns und für unsere Kinder.

In Arizona: Von links nach rechts: meine Cousine Elfriede, ich, meine Tochter Anna Lea und Tante Hilde. Damals fuhr Tante Hilde noch ihr eigenes Auto. Mit 89 Jahren! Eine Fahrt mit ihr war ein Abenteuer!

Seit Beginn dieser Niederschrift sind vier Jahre vergangen. In diesen vier Jahren hat sich mein Leben verändert. Für mich war es eine Zeit der Sorge um meine kleine Familie. Olaf, mein Mann, ist seit zwei Jahren in einem Pflegeheim. Er erkennt mich nicht mehr. Demenz lautete die Diagnose.

Ich stelle es mir so vor:

Schnellen Schrittes geh ich durch die Straßen, jemand ruft mir zu:"Hallo, wie geht es dir?" Ich drehe mich im Laufen um und mit winkender Hand rufe ich zurück: „Keine Zeit, muss mich um die Familie kümmern!" Und plötzlich sind vier Jahre um. Nun haben wir schon 2007 und ich beginne auch auf die vier Jahre zurückzublicken.

23. Dezember 2006

Meine Mutter ist gestorben, ganz plötzlich. Ich kann es nicht fassen, ich will es nicht glauben! Mütter sterben doch nicht! Meine Mutter, unsere geliebte Oma, Uroma. Es ist so viel Trauer in mir.

Wie ein Kind schreie ich in den Himmel – Mama, du sollst wiederkommen!

Sie wird nicht kommen. Ich spreche mit ihr. Tagsüber und abends vor dem zu Bett Gehen. Sie antwortet mir. Tief in mir höre ich ihre Stimme und ihr Lachen. Gut, dass sie bei mir ist.

Wie nah ist doch der eigene Tod! Oh nein, ich bin nicht depressiv. Ich bin nicht Opfer meiner eigenen Gedanken und Gefühle. Ich habe mich im Griff, wie man so schön sagt. Ich kann mich distanzieren, auch wenn es manchmal nicht leicht ist. Das Leben geht weiter. Meine Mutter sagte immer:" Kommen wir über den Hund, dann kommen wir über den Schwanz!"

Sie war eine großartige Frau und ich bin froh und glücklich, so eine Mutter gehabt zu haben, die mir und meiner Familie immer zur Seite gestanden hat, die unsere Seelen gestärkt hat mit ihrem ungebrochenen Optimismus, ohne Zukunftsangst und ohne Angst vor dem Tod. Im Sterben sagte sie:„Ich werde schon meinen Weg gehen." So viel Würde, so viel Kraft! Ich liebe dich, Mama.

Meine Mutter und ich in Stockholm

Meine Mutter war die zweite Frau meines Vaters Arthur. Schon als sie Kind war, kannte sie meinen Vater, seine Frau Martha und seinen Sohn Heinz. Die Familie wohnte in der Nachbarschaft und meine Mutter ist oft mit dem kleinen Heinz spazieren gegangen. Mein Vater war 23 Jahre älter als meine Mutter. Und wie so oft nach dem Krieg heirateten viele junge Frauen die Männer, die ihre Familien in den KZs verloren hatten. Ein zweites Leben wurde begonnen. Doch das erfahrene Leid war niemals aus den Gedanken zu löschen. Keine Nacht schlief mein Vater ruhig. Jede Nacht die gleichen Träume. Im Traum schlug er um sich, er stöhnte und weinte. Jede Nacht hielt meine Mutter ihn fest in ihren Armen und gab ihm die Kraft für den neuen Morgen.

Im August 1950 schrieb sie folgenden Brief an meine Tante Hilde, die gerade von Holland nach Chicago ausgewandert war und nun bei ihrer Schwester Lina lebte.

Hier ein Auszug aus diesem Brief [1]:

Arthur und ich sind sehr glücklich miteinander und wir lieben uns von ganzem Herzen und ich will versuchen, ihn all das Schwere, was er durchgemacht hat, vergessen zu machen.

Weiter unten schreibt sie: Ich wünschte, wir lernten uns mal kennen. Aber ich glaube, ob wir mal nach Amerika kommen? Das liegt noch in weiter Ferne.

Nun, meine Tante hat uns Ende der 50er Jahre besucht. Mein Vater starb 1964 und ist nie in Amerika gewesen. Meine Mutter sollte erst 56 Jahre später, im Februar 2006, nach Arizona fliegen, um meine 91- jährige Tante Hilde in Sun City zu besuchen.

So ist ihr dieser Wunsch doch noch erfüllt worden.

November 2007

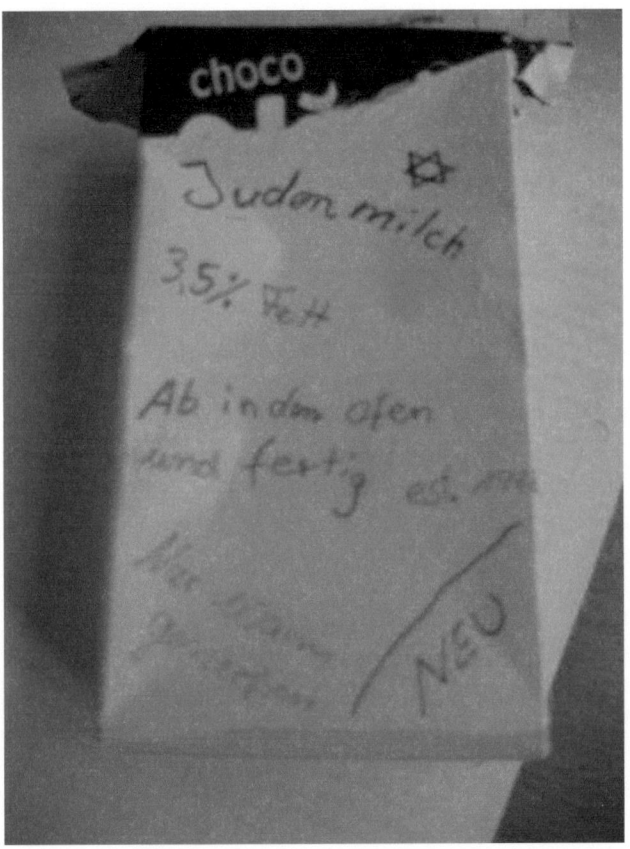

Besser gesagt, 11. November. Die Gegenwart holt mich erneut ein. Eine Kakaotüte wird gefunden und bei einem Kollegen abgegeben.

Ich bin merkwürdig gefasst. Halte sie in den Händen und spüre nichts. Einfach nichts. Muss ich mich jetzt aufregen? Bin ich jetzt schockiert? Was geschieht hier? **So kenne ich mich nicht.**

Diesen Satz kann ich mehrmals wiederholen. Mal liegt die Betonung auf dem „so", mal auf dem „ich", mal auf dem „**nicht**". Vielleicht sollte ich diesen Satz ganz langsam, Wort für Wort aussprechen?   Ja, es ist angekommen, jetzt hier an unserer Schule. So etwas geschieht doch nur anderswo. Nein! Jetzt ist es hier angekommen in Form einer kleinen Kakaotüte. Ich wage es nicht, mit jemandem zu sprechen. Es kostet mich Mut. Nur keine Emotionen zeigen! Jetzt ganz ruhig bleiben! Niemand soll mir nachsagen, ich sei zu empfindlich, zu sensibel, zu schnell zu erschüttern.

Am 12. November erzähle ich es erst meinen Töchtern. Sie sind empört, fordern mich auf, Anzeige gegen unbekannt zu erstatten, mit der Schulleitung zu sprechen. Endlich wache ich auf. Endlich fange ich an, Entrüstung in mir zu spüren, begleitet von einer leichten kaum spürbaren Angst. Was jetzt? Geht es weiter? Was kommt als Nächstes? So eine kleine Kakaotüte fängt an, mich aus der Fassung zu bringen.

Ich telefoniere mit Fred. Auch er sagt: „Zeige es an!" „Geh zur Polizei!" Ich will noch warten. Warten, ob jemand anders es tut. Warum soll ich es tun? Wo sind die anderen Menschen, die diese Tüte ebenfalls gesehen haben? Ein Kollege veröffentlicht ein Foto im Mitteilungsblatt und bittet die Kollegen, im Unterricht dieses Geschehen zu thematisieren. Ich freue mich darüber! Aber bleibe noch in Warteposition. Unruhig irgendwie. In der Hoffnung, dass jetzt etwas geschieht, dass „man" sich hier an dieser Schule engagiert.

Nichts geschieht. Ich telefoniere mit der Schulleitung und frage nach der kleinen „kränkenden", „beleidigenden" Tüte. (Wenn ich es so schreibe, hört es sich fast schon wieder lustig an.) Auch die Schulleitung will abwarten, keine Anzeige gegen unbekannt. Nichts. Es vergeht eine Woche.

19. November

Ich frage wieder nach und spreche über eine Anzeige. Das geht jetzt nicht mehr, der Schüler hat sich gemeldet und mit einer Kollegin gesprochen, er würde eine Anzeige in Kauf nehmen. Man will von einer Anzeige noch einmal absehen. Der Schüler ist ja zum ersten Mal auffällig geworden. Man will ihn beobachten.

Ich falle innerlich in mich zusammen. So war es doch immer, genauso geschieht es bestimmt 1000 Mal! Und nichts geschieht. Erst wenn es schlimmer geworden ist? Wenn der Zug nicht mehr zu stoppen ist? Das war doch eine kriminelle Handlung. Oder irre ich mich da? Muss ich immer pädagogisch wertvoll handeln? War das pädagogisch wertvoll? Oder war es einfach nur lasch, faul, träge? Einfacher?

Meine Befürchtung ist, dass wir diesem dunklen Ereignis nicht gewachsen sind. Ich beziehe mich da ein. Auch ich weiß nicht, was richtig ist.

Folgende Zeilen wollte ich eigentlich aus diesem Buch entfernen. Doch scheint es mir authentischer zu sein, sie so stehen zu lassen, wie ich sie 2007 niedergeschrieben habe. Damals habe ich so empfunden. Aufregung, vermischt mit Wut, hat mich diese Zeilen schreiben lassen. Sollen sie also bleiben.

Zumindest hier an dieser Stelle will ich Anzeige erstatten! Ich zeige alle an, die es wagen, den Holocaust zu leugnen! Ich zeige alle an, die es erneut wagen, Menschen wegen ihres jüdischen Glaubens zu entwürdigen, die es wagen, die 6 Millionen Toten noch einmal zu töten, die es wagen die Hinterbliebenen und Nachkommen der wenigen Überlebenden zu diffamieren, zu beleidigen, abgrundtief zu kränken.

Ich ziehe eine Tarotkarte. Eine kabbalistische Tarotkarte, die 72 Namen Gottes. Ich muss laut lachen!

Ich lese den dazu gehörenden Text:

„Ich muss schonungslos ehrlich sein! Ich führe mir jeden Menschen oder jede Gruppe von Menschen vor Augen, dem oder denen gegenüber ich Ärger, Neid, Groll, Abscheu oder gleich mehreres davon empfinde. Mit dem Licht dieses Namens lasse ich die vergifteten, negativen Gefühle in mir einfach fallen."

So soll es denn nun sein. Schaffe ich es, diesen Groll fallen zu lassen? Ich will es zumindest versuchen.

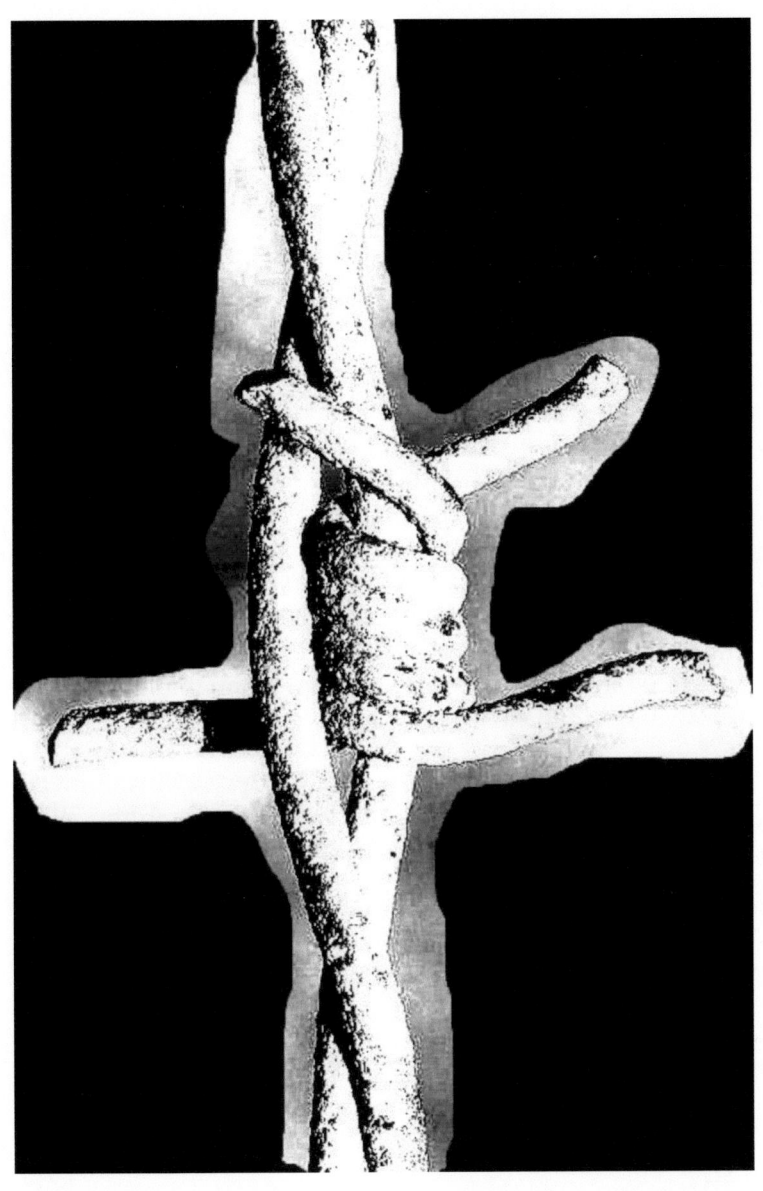

Fotoarbeit   Erika Esther Goldschmidt

Die Überlebenden fanden keine Worte für die Schrecken, für das Leid, für die Angst. Meine Tante Betty hat das KZ Ravensbrück überlebt. Jedoch kurz vor ihrem Tod 1989 hat sie über die ihr widerfahrenen „unaussprechlichen" Gräueltaten gesprochen. Sie gehörte zu den inhaftierten Frauen, die die ermordeten Mitgefangenen in die Grube werfen mussten. An die 3400 Frauenleichen sind im Wald verscharrt worden! Sie hat mit angesehen, wie Offiziere der SS die neugeborenen Babys auf die brutalste Art und Weise getötet haben.

Das KZ Ravensbrück ist durch die Russen aufgelöst worden. Meine Tante Betty war skelettiert, wog nur noch 56 Pfund, hatte ihr Gedächtnis teilweise verloren, über ein halbes Jahr lang war sie zu schwach, ihre Lippen zu bewegen, um ihren Namen auszusprechen. Im Krankenhaus fanden die Schwestern ihre Identität dadurch heraus, dass sie ihr Buchstaben zeigten und sie bei jedem richtigen Buchstaben nicken musste. Nach einem Jahr Pflege im Lazarett Salzwedel konnte sie zu ihrem Mann und ihrer Tochter nach Bremen zurückkehren.

Frau Ursula Hesse hat meine Tante interviewt und dieses Interview in ihrem Buch „Jüdisches Leben in Alme, Altenbüren, Brilon, Madfeld, Messinghausen, Rösenbeck, Thülen" veröffentlicht.

Auch Freds Mutter war in Auschwitz und in Ravensbrück. Vorher hatte man sie in die so genannte Schutzhaft genommen. Hier existiert ein Brief, den Greta an ihre Mutter 1943 geschrieben hat.

Liebes Mutterl! Liebes Schwesterl!

Liebes Mutterl, bitte erschrecke nicht, ich habe heute Schutzhaft unterschrieben und warte nun alle Tage, dass ich von hier fortkomme, es heißt, nach Auschwitz (KZ) ich weiß es aber nicht genau, frage bitte die Dame, die dir den Brief bringt. Sie weiß es bestimmt.
Liebes Mutterl, halte durch und bleibe stark und gesund, kränke dich nicht, es wird davon nichts besser. Liebes Mutterl, ich weiß nicht, ob ich alle meine Sachen mitnehmen kann, darum erschrecke nicht, wenn du meinen Koffer oder ein Päckchen mit meinen Sachen bekommst. Ich schicke dir auch alle Dokumente, bis auf meine Kennkarte. Liebe Mutti, ich weiß nicht, wann ich dir wieder schreiben kann, bitte mach dir deshalb keine Sorgen. Denn dieser Brief ist illegal. Also ja nichts davon erwähnen. Ich bitte dich nur, halte durch bleibe gesund und stark!
Es dauert sicher nicht mehr lange, es ist ja sozusagen schon fünf Minuten vor zwölf. Dann werden wir bald alle glücklich beisammen sein. Nur stark bleiben und Kopf hoch. Bitte, Mutti, sei ja nur recht vorsichtig, dass dir nichts passiert, gesundheitlich und auch polizeilich. Bleibe ja nur gesund, auch ich bin gesund und hoffe es zu bleiben Mutti, Kopf hoch und fest bleiben. Jetzt schreibe ich dir noch ab, was auf meinem Schutzhaftbefehl darauf stand. Also alle Daten und das mit Schreibmaschine:

Ausgestellt am 6.3.1943 in Berlin:

Sie gefährdet nach dem Ergebnis der staatspolizeilichen Feststellungen durch ihr Verhalten den Bestand und die Sicherheit des deutschen Volkes und Staates, indem dass sie es als Geltungsjüdin unterlassen hatte sich eine jüdische Kennkarte zu beschaffen und den vorgeschriebenen Judenstern zu tragen. Sowie durch Verschweigung ihrer rassischen Zugehörigkeit freundschaftlichen Verkehr mit verbündeten deutschen Wehrmachtsangehörigen gesucht hat, zu erkennen gibt, dass sie nicht gewilligt ist sich in die bestehenden Verhältnisse zu fügen und behördliche Anordnungen zu befolgen.

Unterschrieben mit Kaltenbrunner.

Ich habe heute unterschrieben. Also, Mutti, mach du dir ja nur nichts draus. Kränke dich nicht, es hat ja keinen Sinn und es wird nicht besser. Hoffentlich finden sie bei Rosy nichts, dass sie wenigstens bei dir zu Hause bleibt. Mach dir bitte um mich keine Sorgen! Wenn ich längere Zeit nicht schreibe. Es geht halt nicht in jedem Gefängnis. Also nochmals, bleibt alle gesund und stark. Viele tausend Busserl, dein kleines Töchterl Greterl.

Greta Zimak, geb. Steiner, gehört zu den wenigen Frauen, die das KZ Ravensbrück überlebt haben. Mit dem Schwedischen Roten Kreuz ist sie nach Schweden gekommen und hat dort einige Jahre später mit ihrem Mann Leonard Zimak und ihrem Sohn Fred die schwedische Staatsbürgerschaft erhalten. Sie lebt heute in Stockholm.

18. November 2007

Ich erhalte einen Anruf. Es meldet sich Regina K.

Regina ist beunruhigt. Nicht seit gestern, nein, fast ihr ganzes Leben lang. Sie sucht ihre Wurzeln, hat einen jüdischen Vater. Auch hier viele, viele Tote, Ermordete in der Familie. Die Mutter hat sie nicht gekannt. Der Vater, er hat nicht über die Vergangenheit gesprochen. Das kommt mir sehr bekannt vor. Sehr spät hat sie erfahren, dass sie zur Hälfte einer jüdischen Familie entstammt. Sie konvertiert zum jüdischen Glauben, hofft so, sich zu finden, zu wissen, wo sie hingehört. Es will und will ihr nicht gelingen. Sie sagt zu mir:„ Sie sind zumindest jüdisch erzogen worden, ich aber habe nicht einmal das erleben dürfen!"

Noch kann ich nicht beurteilen, ob das nun wirklich ein großer Vorteil für mich ist. Ich habe da ja schließlich auch so meine Kindheitserlebnisse mit dem „Jüdischsein". Ich hatte nicht immer Lust, in die Synagoge zu gehen, zu den Alten, zu den wenigen Überlebenden, denen an manchen Feiertagen die Trauer ins Gesicht geschrieben stand, denen die Tränen über die Wangen liefen und die mich dann in ihre Arme schlossen, weil sie in mir und den anderen vier Kindern eine Zukunft sahen. Ja, wir waren nur fünf!! Fünf Kinder!! Ein Jahr lang waren wir sieben!! Weil zwei aus Israel gekommen waren. Auf Zwischenstation in Deutschland! Sie sind dann nach Kanada ausgewandert. Da waren es wieder fünf. Einer ging nach Hamburg, da waren es nur noch vier. Zwei gingen etwas später in die Schweiz, da waren es nur noch zwei. Und dann bin ich gegangen. So gar keine Lust hatte ich, sonntags den Religionsunterricht zu besuchen. Sonntags, wenn andere Kinder frei hatten, dann musste ich mit der Straßenbahn in die nächste Stadt fahren. Hebräisch lernen. Der Lehrer war so streng. Er kam aus Chile und hatte so einen urdeutschen Schliff. Der hätte auch beim Militär sein können. Hat immer rumgeschrien, wenn man nicht so gut Hebräisch konnte wie die aus Israel. Noch heute könnte ich ihn dafür ... ich weiß nicht was.

Ein Lehrer war wunderbar, Rabbiner Dr. Barsilai. Seinen Namen muss ich hier erwähnen, er hat mich begeistert, er hatte ein Gefühl für Kinder. Seine Geschichten waren spannend. Zu der Zeit habe ich zu Hause das Tischgebet gesprochen und war sehr glücklich, dass ich so gut Hebräisch lesen konnte. Ich kann es übrigens heute noch. Aber nicht mehr sehr gut. Ich verstehe leider so gut wie nichts.

Interessant fand ich die Geschichten aus dem Alten Testament. In meiner Fantasie baute ich an Noahs Arche mit, saß im Zelt neben Abraham, sah genau das ewige Licht im Tempel von Jerusalem und lief mit Lot in die Berge, um dem Untergang von Sodom und Gomorrha zu entgehen. Lots Frau habe ich damals schon nicht verstanden. Warum musste sie sich umdrehen? Wollte sie nur mal einen letzten kurzen Blick auf ihre Heimat werfen?

Ich gehörte dazu und hatte Wurzeln, auf die ich stolz sein konnte.

Ich schweife ab, obwohl ... es ist bewegend, seinen eigenen Kindheitserinnerungen in Gedanken zu lauschen.

Zurück zu Regina. Ich habe mich mit ihr verabredet. Wir werden sehen, was das für eine Beziehung wird.

23. November 2007

Ich war wieder einmal in der Synagoge. Schabbatfeier. Ein neuer Rabbi. Konservativ.

Ich spüre meine innere Abneigung gegen alles Ultrakonservative! Ich will das nicht mehr. Kann mich nicht als Frau so unterordnen in dieser alten traditionell jüdischen Männerwelt. In meiner Kindheit habe ich es anders kennen gelernt, da waren wir schon sehr reformiert. Da hat z.B. der Rabbiner auch den Frauen die Hand gegeben. Hier in dieser kleinen Gemeinde nicht. Wie schade. Die Gemeindevorsteherin möchte so gerne, dass ihre Gemeinde wächst. Sie wünscht sich mehr Mitglieder. Aber so? Immer wieder denke ich nach, immer wieder sage ich mir, komm, stell dich nicht so an, werde Mitglied, und dann kommen die ablehnenden Gedanken, hindern mich, ein eingetragener Teil der kleinen jüdischen Gemeinde zu werden.

Am Abend lese ich in einem Buch von Rabbi Yonassan Gershom , *dass es sich auch um Angst handeln könnte. Es sei egal, ob ich religiös bin oder nicht, egal, wie der Rabbi ist, ega,l ob meine Religionslehrer unsensibel waren usw. Es sei die diffuse Angst, noch einmal einen Holocaust erleben zu müssen.*

Ja, das könnte sein. Ja, so etwas Ähnliches spüre ich in mir, doch genau kann ich es nicht erfassen. Ich wünsche mir dennoch eine liberale, reformierte Gemeinde!

Ach ja, da war am Freitagabend auch dieser kleine jüdische Junge und ein kleines jüdisches Mädchen. Zwei Kinder! Der Rest ... alte Leute! Ich zähle mich mittlerweile zu dem Rest. Eine Parallele zu meiner *jüdischen* Kindheit. In meiner Kindheit waren es die Überlebenden, jetzt sind es die Nachkommen oder die emigrierten russischen Juden- alle schon recht alt.

An Chanukka werde ich wieder in die Synagoge gehen. Mit meiner Tochter, meiner Enkelin und meiner Schwester.

25. November

Regina ist bei mir gewesen. Kaffee und Pflaumenkuchen gab es und ein sehr intensives Gespräch. Wir haben uns ausgetauscht und uns sehr viele persönliche Geschichten erzählt. Wir haben im Internet schnell mal nach ihrer Familie gesucht und noch nichts gefunden. Aber das wird schon, da bin ich mir sicher. Natürlich ist auch sie mit unsensiblen Rabbis konfrontiert worden, mit den Rabbis oder Gemeindevorstehern, die sich überhaupt nicht in eine verwundete Seele einfühlen können. Doch solche Menschen gibt es überall! Keinerlei Ansatz von Empathie! Es zählt die Mitgliedschaft in der Gemeinde, damit man den Zuwachs wahrscheinlich auch statistisch nachweisen kann! Menschen, die mit sich ringen, um ihre Identität zu finden, die begonnen haben, sich zu reflektieren, die auf der Suche sind, die laufen dann nur am Rande. Dabei geht es nicht um eine egozentrische Nabelschau, sondern um eine unruhige Seele. Der berühmte Satz „Deine Identität findest du nur in dir selber, niemand kann dies für dich tun!" hilft da auch nicht. Dieser Satz hinterlässt höchstens bei dem Betroffenen einen schalen Geschmack im Mund.

Wir haben unsere E-Mail-Adressen ausgetauscht und wollen auf jeden Fall in Kontakt bleiben.

26. November

Heute habe ich merkwürdigerweise das Gefühl, dass ich am Ende meiner Aufzeichnungen angekommen bin. Doch dann erinnerte ich mich an ein Buch, das mein Vater im Wohnzimmerschrank vor mir versteckt hat, ich sollte es, so lange ich klein war, niemals in die Hände bekommen. Doch natürlich habe ich es gefunden, solche Geheimnisse sind doch für ein Kind interessant und sie müssen aufgedeckt werden. Ich habe mir die Bilder angesehen, die Texte gelesen und mein Erschrecken, meine Angst war nicht zu beschreiben. Ach, hätte ich doch auf den Vater gehört!

Unter den Dokumenten der Gestapo in der Stadt Lijepaja in Lettland fand man nach dem Abzug der deutschen Truppen eine veröffentlichte Fotoserie von einer Massenexekution.

Ich konnte meinen Blick von diesen Bildern kaum abwenden. Ich war zutiefst erschüttert.

Es schrieb am 21. Juni 1942 der Gendameriemeister Jacob an Generalleutnant Querner:

„Wir schlafen hier nicht. Wöchentlich drei-vier Aktionen. Einmal Zigeuner und ein andermal Juden, Partisanen und sonstiges Gesindel. Schön ist, dass wir jetzt eine SD-Außenstelle haben, mit der ich ausgezeichnet arbeite. Nun, wir haben von den hier allein in Kamenetz Podolsk lebenden Jüdlein nur noch einen verschwindenden Prozentsatz Satz von den 24 000. Die in den Rayons lebenden Jüdlein gehören ebenfalls zu unserer engeren Kundschaft. Wir machen Bahn ohne Gewissensbisse und dann:" *Die Wellen schlagen zu, die Welt hat Ruh!"*

Und weiter ein Bericht von Oberleutlant Walther über eine Erschießung bei Belgrad am 1. November 1941:

„Das Ausheben der Gruben nimmt den größten Teil der Zeit in Anspruch, während das Erschießen sehr schnell geht. ... 100 Mann 40 Minuten ... Anfangs waren meine Soldaten nicht beeindruckt. Am zweiten Tag jedoch machte sich schon bemerkbar, dass der eine oder andere nicht die Nerven besitzt, auf längere Zeit eine Erschießung durchzuführen. Mein persönlicher Eindruck ist, dass man während der Erschießung keine seelischen Hemmungen bekommt. Diese stellen sich jedoch ein, wenn man nach Tagen abends in Ruhe darüber nachdenkt."

Heinrich Himmler in Posen 4.10.1943: „Das jüdische Volk wird ausgerottet, sagt ein jeder Parteigenosse, ganz klar, steht in unserem Programm, Ausschaltung der Juden, Ausrottung, machen wir. Von allen, die so reden, hat keiner zugesehen, keiner hat es durchgestanden. Von euch werden die meisten wissen, was es heißt, wenn 100 Leichen beisammen liegen, wenn 500 da liegen oder wenn 1000 da liegen. Dies durchgehalten zu haben, und dabei- abgesehen von Ausnahmen menschlicher Schwächen - anständig geblieben zu sein, das hat uns hart gemacht. Dies ist ein niemals geschriebenes und niemals zu schreibendes Ruhmesblatt unserer Geschichte."

Nein .... nein ... nicht noch mehr darin lesen ...

Ich kann nicht mehr ...

„Hört her, ihr Ältesten,

horcht alle auf, ihr Bewohner des Landes!

Ist so etwas jemals geschehen

in euren Tagen oder in den Tagen eurer Väter?

Erzählt euren Kindern davon

und eure Kinder sollen es ihren Kindern erzählen

und deren Kinder dem folgenden Geschlecht."

(Altes Testament, Buch Joel 1, 1- 3)

Rabbi Gershom geht der Frage nach:„Und was ist mit Vergebung?" Er sagt sinngemäß dazu: Vergebung spielt eine wesentliche Rolle bei der Heilung. Aber Vergebung ist keine Amnestie und auch kein kollektives Vergessen. Da gibt es keine Löschtaste und ich kann nicht so tun, als sei nie etwas geschehen. Vergebung kann ein Fundament sein, auf dem sich vielleicht eine bessere Beziehung aufbauen lässt.

(Y. Gershom in „Kehren die Opfer des Holocaust wieder?" Seite 143)

Ich werde mich bemühen zu vergeben, aber ich werde nicht vergessen.

Was aber bleibt, sind die Gedanken an die, die umgekommen sind.

Die Verzweiflung   Sarah Goldschmidt

27. November 2007

Ein neues Ereignis. Hatte ich gestern gesagt, dass ich am Ende dieses Buches angelangt bin? Das war wohl nicht ganz richtig. Heute erreichte mich eine E Mail aus Gelsenkirchen. Herr Jordan vom Arbeitskreis *Stolpersteine Gelsenkirchen* bedankt sich dafür, dass ich eine Patenschaft für zwei Stolpersteine für Fritz Goldschmidt und seine Frau Grete übernehmen will. Er schreibt:„Sehr geehrte Frau Goldschmidt,
es freut uns sehr, dass Sie die Patenschaft für Stolpersteine zum Gedenken an FRITZ und GRETE GOLDSCHMIDT übernehmen wollen.

Die Stadtverwaltung Gelsenkirchen hat uns am 23. November 2007 die Genehmigung zur Verlegung von Stolpersteinen in Gelsenkirchen erteilt."

Am 23.11.2007 ! Also in einer Zeit, in der ich mich besonders intensiv mit meinen ermordeten Angehörigen innerlich verbunden habe!
Fritz und Grete, ihr sollt die ersten Steine erhalten! Ich habe nicht so viel Geld, um die Patenschaft für alle Steine zu übernehmen. Habe Elfriede nach Arizona eine E-Mail geschickt und nachgefragt, ob sie sich beteiligen will. Dann kann Tilla (Mathilde) auch einen solchen Stein erhalten. Ich warte auf Antwort. In Madfeld habe ich angerufen, ob dort denn nun auch in der Stadtverwaltung über die so genannten Stolpersteine gesprochen wurde. Mir wurde gesagt, dass von einer Diskussion über das Legen dieser Steine nichts weiter bekannt ist. Ich hätte auch für Fanny, Siegfried und die anderen die Patenschaft übernommen. Auch hier warte ich ab. Vielleicht wird es ja noch was? Wenn schon kein Stolperstein, dann wenigstens ein Foto!

Madfeld, Kaiserstraße 10. Auf dem Foto sind mein Onkel Siegfried, meine Oma Fanny und mein Opa Hermann zu sehen. Dieses Foto muss vor 1935 entstanden sein, da mein Großvater 1935 gestorben ist.

Meine Tante Mathilde schreibt in einem Brief vom 18.10.1941: *"Alle 15 Hühner werden in Kürze abgeschafft. Die liebe Mama hatte ihren Garten bis jetzt noch. Ich mag gar nicht daran denken, dass wenn sie abreist, unsere schöne Heimat für uns nicht mehr ist..."*

Wie schon an anderer Stelle erwähnt wollte, meine Großmutter in die Dominikanische Republik auswandern.

Im Jahr 1950 kümmerte sich mein Vater Arthur um den Wiedererhalt des Hauses, welches ja an die Gemeinde Madfeld verkauft werden musste. Für das Land hat mein

Vater noch einmal 1000 DM von einer Madfelder Familie erhalten. Wahrscheinlich wollte er es nicht zurückhaben. Er schreibt an meine Tante Hilde, dass es sehr viel Arbeit macht, sich um das Haus zu kümmern. Er befürchtet einen Prozess mit der Gemeinde Madfeld, denn er denkt, dass die Gemeinde das Haus nicht gutwillig wieder herausgeben wird. Die Gemeinde hatte es wohl gekauft, aber wir wissen ja mittlerweile, unter welchen Umständen das Hab und Gut der jüdischen Familien „verkauft" worden ist. Nachdem Gesetz musste der Kaufpreis von den Überlebenden zurückgegeben werden.

Im Herbst 2003, habe ich, auf Einladung der Stadt Brilon hin, Madfeld besucht.

Auf diesem Foto sind zu sehen (von links nach rechts)

hinten:

Herr Nürnberg, Frau Hesse, der Bürgermeister Schrewe,

vorne: Herbert Kaufmann, ich, Nancy Kaufmann

Ich muss unbedingt erwähnen, dass es ein sehr angenehmer Besuch war. Herbert, Nancy und ich sind von der Stadt sehr, sehr herzlich empfangen worden. Bürgermeister Schrewe hatte dieses Treffen ermöglicht. Bei unseren Besuchen an den familienhistorischen Orten hatten wir einen freundlichen und einfühlsamen Begleiter (Herr Nürnberg), eine hilfreiche Museumsangestellte Frau Vollmer, mit der ich übrigens heute telefoniert habe. Jetzt muss ich aber noch schnell schreiben, wer Herbert und Nancy sind. Herbert stammt aus der Familie des Rabbis Friedländer aus Brilon. Meine Tante Else hat in diese Familie eingeheiratet, also eine direkte Verwandtschaft besteht da nicht. Und dennoch, wir stellten in unserem Innern fest, dass wir miteinander verwandt sind. Herbert und Nancy leben in New York. Ach, ich wünschte, auch dorthin reisen zu können!

Merkwürdig, dass ich von diesem Treffen vorher noch nicht berichtet habe. Wenn ich mich daran zurückerinnere, so rieche ich noch die herrlichen herbstlichen Wälder des Sauerlandes und ich spüre noch ein wenig die Gefühle, die mich damals auf der Fahrt in Richtung meiner Familie begleiteten. Über 100 Jahre war meine Familie in Madfeld ansässig. Der erste dort bekannte Goldschmidt war Meier Goldschmidt, er war einer von den vergeleiteten Juden und leider weiß ich bis heute nicht, woher er kam. Er starb 1820 in Madfeld. Er war sozusagen auch mein Stammvater. Nun, um einiges weiter in der Geschichte zurück wird es wohl dann Abraham gewesen sein. Ja ja, unter einigen Juden ist es nicht üblich, Ahnenforschung zu betreiben, da sie davon ausgehen, dass wir alle miteinander verwandt sind. Eigentlich ein schöner Gedanke, doch wenn ich dabei bin, nach meinen Wurzeln zu graben, dann ist es doch schon sehr hilfreich und erlösend, mich zunächst einmal mit weniger „alten Ahnen" zu begnügen.

51

Jetzt denke ich gerade, dass es für den Leser dieser vielen Zeilen wahrscheinlich etwas schwer sein wird, meinen häufigen Gedankensprüngen zu folgen. Doch so ist das nun mal und ich will nicht unbedingt chronologisch vorgehen (obwohl es im Moment seitenweise danach aussieht). Ich will so schreiben, wie es mir gerade einfällt, und ich will auch nichts sortieren. Die tausend Erinnerungen, teilweise verwahrt in noch unbeleuchteten Winkeln meiner Seele, verwahrt wie in kleinen Schachteln, kann ich nur so wachrufen, wie sie sich mir öffnen wollen.

So viele Briefe!

So viele Briefe! So viele noch ungelesen, noch nicht im PC. Ich bin so froh, dass meine Tante Hilde mir diese Briefe vor drei Jahren überlassen hat. Und auch hier werde ich nicht eine datierte Reihenfolge einhalten. Ich werde sie in der Reihenfolge abschreiben, wie ich sie in meine Hände nehme.

Nun folgt ein Brief, den meine Tante Julchen an meine Tante Hilde geschrieben hat. Julchen wusste damals noch nicht, dass Betti Ravensbrück überlebt hat.

Meine liebe Hilde

Will hoffen, dass du meinen Brief bekommen hast. Erwarte täglich Post von euch. Leider höre ich nichts. Von Kurt habe ich Nachricht und durch ihn habe ich deine Adresse erfahren. Ich habe dir in einem Brief ja ausführlich geschrieben. Wir drei sind noch am Leben. Arthur, Rosa und ich.   Alle unsere Lieben sind umgekommen. Wir können nicht mehr froh werden. Alles haben wir außerdem verloren. Wir wohnen jetzt in Essen Stadtwald, Drosselstraße 51. Unser Junge war auch im Lager, ist aber gesund wieder gekommen. Gustav geht es gut. Ich bin damals wegen dieser Sache mit dem Brief und dass ich nicht gesagt habe, wo du dich versteckt hast nach Auschwitz KZ gekommen. Habe dort sehr viel mitgemacht und diese Nazis haben mich nicht kaputt gekriegt. Leider aber unsere lb. Mama + Tilla. Siegfried und Frau, Ludwig und Frau und Fritz und Grete. Else + Erich und unsere liebe Betty, welche im KZ Ravensbrück zugrunde ging.

Am 11. Februar 1946 schreibt meine Tante Julchen dann [4]

Meine liebe Hilde! Nun muss ich dir eine freudige Botschaft mitteilen. Ich erhielt von Rosa aus Blumenthal die Nachricht, dass unsere Betty lebt. Sie hätte von Salzwedel geschrieben, dass sie sehr krank war und hatte die Hoffnung schon aufgegeben. Sie ist in der russischen Zone und hier ist es schwer, über die Grenze zu kommen. Vor allen Dingen hat Ruth ihre Mutter wieder. Jetzt habe ich wieder Hoffnung, dass vielleicht doch einer von unseren Lieben noch kommen kann. Ich habe so Sehnsucht nach Tilla. Gebe Gott, dass sie noch kommt. Es kann ja sein, dass sie im polnischen Gebiet ist und nicht über die Grenze kommt. Sie war doch zuletzt in Stutthof bei Danzig. Großer Vater, was wäre das für ein Glück. Tante Rosa , Onkel Salomon und Netta sind alle den Weg der lb. Mama gegangen. Unsere lb. Mama könnte auch fort sein, denn sie hatte alle ihre Papiere von Ernst, sogar schon die Schiffskarte, aber sie wollte Siegfried mitnehmen, er war zur Zeit noch nicht verheiratet und so hätte sie sich zu große Sorgen gemacht. Unser Ludwig hat ja auch vorher noch geheiratet. Ilse Hesse aus Brilon, ein sehr nettes Mädel. Leider sind alle den Weg gegangen.

Im Januar 1948 schreibt mein Onkel Michael (Ehemann von Betty) an Hilde:

Deutschland kann sich freuen, dass die amerikanischen Sieger kein Rachegefühl bekommen und so für die Menschen sorgen, sonst wäre schon die Hälfte verhungert.

Am 18. Oktober 1941: Meine Tante Mathilde (Tilla) an Tante Hilde [5]:

Hier einige Auszüge, die geprägt sind von der Hoffnung auf Ausreise .

„Mein liebes Idelchen! So, mein Liebes, zuerst möchte ich dir berichten, dass unsere lb. Mama u. der lb. Siegfried uns bald verlässt. Sie reisen nach Domingo. Sie wären schon am Mittwoch abgereist, wenn alles in Ordnung gewesen wäre. Die lb. Mama ist ganz kopflos. Sie kann nichts in Ordnung kriegen und ich habe mir schon so viel Mühe gegeben und kann nicht hin. Vielleicht klappt es nächste Woche. Zudem ist sie gar nicht an Kleidung für das heiße Klima gerichtet. Sie hat rein gar nichts. Ist das nicht furchtbar? Am 15. November sollen sich beide bereit halten. Wenn sie erst da glücklich ankom-

55

men! Wenn wir (sie meint hier ihre Schwester Hilde) *zusammen wären, da könnte es meinetwegen nach Pusemuckel gehen.*

Der Weg dieser drei Menschen ging nicht in die Dominikanische Republik, er führte sie direkt in die Vernichtungslager.

Am 14.02.1939 schreibt mein Vater einen Brief, in dem er noch einmal auf die Dringlichkeit einer Ausreise hinweist:

"Vielleicht könnt ihr uns ein Dringlichkeitsaffidavit besorgen, dann brauchen wir die Nummer nicht abzuwarten und könnten von hier sofort weg, seht nun mal zu, was sich machen lässt. Sonst sind wir noch gesund und unser Kind ist gesund und munter, er spricht jeden Tag von Amerika, gestern sagte er mir, ich muss Englisch lernen, ich fragte, wieso? Ja, wir müssen auswandern und keiner nimmt uns, wie kommt das eigentlich? Er ist 3 1/2 Jahre alt, aber so etwas Schlaues und Aufgewecktes habt ihr noch nicht gesehen. Ich wollte, ihr könntet ihn mal sehen.

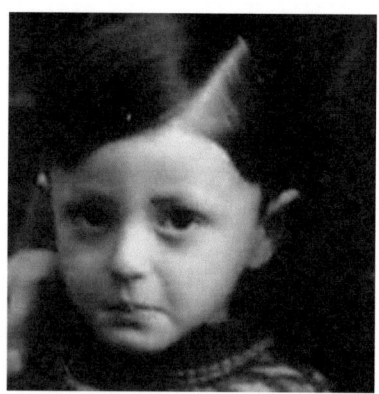

Oh, mein Gott! Diese Briefe! Diese Briefe, die alle Hoffnung auf ein Weiterleben beinhalten. Die Worte zwischen den Zeilen lassen ahnen, dass alle wussten, dass sie hier wohl nicht lebend rauskommen. Und doch immer wieder die Hoffnung, immer wieder die schon fast kindliche Naivität, dass alles gut wird. Das nicht glauben wollen von so viel Grausamkeit, obwohl sie doch direkt vor den eigenen Augen geschehen ist. Hoffnung auf Ausreise, Ansätze von Panik, weil nichts in dieser Richtung geschieht, Kopflosigkeit, Hilfegesuche, Abweisung und dann wieder der Wille zu überleben und auch wieder das Nichtwahrhabenwollen aller schrecklichen Ereignisse. Menschen werden abtransportiert, packen vorher noch schnell ihre wenigen Habseligkeiten in dem festen Glauben, diese noch behalten zu dürfen. Viele hatten nicht einmal zum Packen Zeit. Ich glaube, dass alle es wussten, dass es kein Entrinnen gab. Ich glaube auch, dass ganz Deutschland es wusste. Bitte sage mir niemand noch einmal, er oder sie hätte es nicht gewusst! Alle haben es gesehen, mit eigenen Augen. In der Nachbarschaft, in den Straßen, die Schilder an den Türen: „Für Juden verboten", die Plakate: „Jud verrecke", die durch die Straßen getriebenen Menschen. Opfer wie Täter haben es gewusst! Oder waren es Analphabeten? Oder waren sie taub? Oder waren sie blind? Oder alles zusammen? Ein ganzes Volk körperlich irgendwie behindert? Oh, ich weiß es, Herr Lehrer, bestimmt standen alle unter Drogen! Nein? Auch nicht? Sie wissen es auch nicht, Herr Lehrer?

Sie meinen, die hatten alle Angst? Die Täter und die Opfer?

Das kann ich nicht glauben, da bin ich aber mal gespannt, was in den Geschichtsbücher in 100 Jahren stehen wird. Allein um das zu lesen, lohnt es sich, wiedergeboren zu werden! Warum soll ich jetzt den Mund halten Herr Lehrer, und nicht weiter fragen? Gerade kommen mir sehr unschöne Sätze in den Kopf, ich will sie nicht hier niederschreiben, ich will sie gar nicht haben, diese ironischen, sarkastischen Gedanken! Leider kann man sich für die Vergangenheit nichts wünschen, es klappt ja schon nicht immer mit Wünschen, die auf die Zukunft ausgerichtet sind. Vielleicht hilft da ja ein Lehrgang oder Seminar zum Thema „Richtiges Wünschen"? Gibt es schon viele von, war ich noch nicht, das hab ich jetzt davon. Der Glaube versetzt Berge! Steht schon in der Bibel.

Ach, doch noch eins, Herr Lehrer! Ist es richtig, dass das Gegenteil von Liebe nicht Hass ist, sondern Angst? Wissen Sie auch nicht, sagen Sie. Ich hab es mir fast schon gedacht.

Auszug aus einem Brief vom 2. Januar 1939

...in größter Not greift man nach einem Strohhalm. Gestern war Arthur hier, ganz kopflos und verzweifelt. Ich bitte euch umgehend, da Arthur ein Ultimatum gestellt wurde, in ca. 14 Tagen Deutschland zu verlassen oder nachzuweisen, dass er in kürzester Zeit ausreisen will. Andernfalls würde er wieder verhaftet. Nun sorgt bitte schnellsten für ihn, schickt ihm wenn möglich eine Teilbürgschaft...Er muss was in den Händen haben, um es der Polizei vorlegen zu können. Habt bitte Mitleid mit ihm. Er hat doch Frau und Kind. Es ist Not am Mann.

Unser Kurt schrieb uns vor kurzem aus Holland, hoffentlich bleibt er dort, hat sich nicht mal verabschiedet, aber das ist nicht so wichtig. Dort wäre er erstmal geborgen. Kann nun auch euch erfreut schreiben, dass der liebe Siegfried und Ludwig wieder da sind. Als sie kamen, hat alles geweint. Die _armen_ Menschen. Wir sind mit einem Wort gesagt: Freiwild, weiter nichts... Erfüllt mir meine Bitte, indem ihr nach Erhalt des Briefes per Luftpost an Arthur das Gewünschte schreibt. Sein Leben hängt eventuell davon ab._

Eure Euch liebende Hilde

Wahrscheinlich schrieb meine Tante Hilde folgenden Brief bereits 1939 nach Amerika:

Auszüge:

Lieber Hans und liebe Lina, ich habe etwas sehr wichtiges vergessen euch mit zu teilen: also ich, sowie alle anderen Auswanderer, haben eine Nummer von Stuttgart und zwar habe ich 33000. Nun habe ich gehört, dass Hausangestellte nicht unter diese Nummer fallen und auch eine niedrigere Bürgschaft für sie zu stellen wäre, d.h. wenn ich mich für ein halbes Jahr verpflichte, dort im Haushalt tätig zu sein. Bemüht euch doch bitte, bitte deswegen, es ist doch so furchtbar mit uns armen Menschen. Wenn dieses der Fall sein sollte, dann kann ich doch meine Bürgschaft einem unserer Jungen überlassen, Arthur oder Ludwig. Für Kurt und mich wird doch bestimmt gesorgt, nicht wahr? Tilla hat von Tante Regina, an die sie sich u.a. auch wandte, einen netten, langen Brief erhalten und Regina will sich für Tilla und Willy bemühen. Denkt ihr denn auch mal an unsere arme Mama? Ich kann euch nur eines schreiben: Verschafft ihr ein Affidavit!! Dann können wir in ein Zwischenlager bis zur Auswanderung kommen. Ich weiß, dass von euch viel verlangt wird, aber die Not ist zu groß und ich halte mich an euch und ich weiß bestimmt, dass ihr sorgt, du hast es mir doch beim Fortgehen schon versprochen, lieber Hans...

Am 27.04.1939 schreibt Grete Löwenstein die Frau meines Onkels Fritz Goldschmidt) an Familie Filz in Chicago:

Auszüge:

... Jetzt haben wir uns auch nach Panama bemüht, weil doch unsere Wartnummer in Stuttgart so hoch ist, können selbige hier nicht abwarten. Nach Panama sind nun die Bedingungen sehr günstig, da wir als Landwirte und Handwerker schon willkommen sind. Jedoch müssen 100 Dollar Vorzeigegeld pro Person gestellt werden. Selbige werden dann ¼ Jahr nach der Landung dem Bürgen zurück erstattet. Sollte es, liebe Filzens, nicht in eurer Macht stehen, uns für 3 Monate den Betrag zur Verfügung zu stellen? Der liebe Fritz hat mich heute, als ich ihn im Krankenhaus besuchte, flehentlich darum gebeten, euch zu bitten uns dieses Geld zu leihen. Ihr bürgt nicht für Unwürdige!

Ein weiterer Brief, geschrieben von Dora Löwenstein, der Mutter von Grete Löwenstein, an Lina und John Filz in Chicago.

Auszüge:

Liebe Familie Filz,

... Indem ich nun diesen Brief anfange, bekomme ich die Nachricht, dass unsere Tage hier beendet sind...

Liebe gute Frau und Herr Filz, unsere <u>einzige Hoffnung</u> ist nun noch das Eintreffen der Papiere für uns, für meinen lieben guten Mann- unser einziges Mädel, Gretel... Sie verstehen auch ohne viele Worte - helfen sie uns doch - in inniger Liebe werden wir es ihnen nächstens vergelten. Sie schenken keinem Unwürdigen das Vertrauen. Wir haben immer schwer geschafft und sind nur hartes Schaffen gewohnt... Ach, ihr

Lieben, helft uns in unserer Not. Ich hoffe bestimmt in inni-
ger Herzlichkeit es an eurem Kinde gut zu machen. Ihr wür-
det uns unsagbar erfreuen, wenn ihr uns diesen Brief, unsere
Herzensbitte erwidern würdet. Liebe Elfriede, bitte du liebes
Kind in kindlicher Herzlichkeit bei deinen lieben Eltern für
Erfüllung unserer Bitte. Dafür gebe ich dir ein herzhaftes
Küsschen... Füge anbei das Bild meines lieben Mannes und
Gretels, damit sie uns auch vorher kennenlernen. Unsere
Tätigkeit ist hier erledigt, jedoch unsere Adresse ist bleibend.
So hoffe ich, sie bald begrüßen zu können mit meiner lieben
Familie und ein inniges „Vergelts Gott" - verlassen sie uns
nicht in unserer Not- Ihre Frau Dora Löwenstein.

Dann 1941, Mathilde Wertheim an Hilde Goldschmidt

Auszug:

...Hoffentlich sind wir zum nächsten Geburtstag wieder ver-
eint. Ganz gleich wo! Grete und Fritz haben neuerdings ihre
Sache für die Philippinen wieder am laufen. So werden alle
wie Laub auseinander wirbeln...

Und wieder ein Brief!

Ein Auszug:

Meine geliebte Hilde!

Was habe ich mich gefreut, endlich mal ein Lebenszeichen
von dir zu bekommen. Es war mein Erstes, als ich nach Hau-
se kam, hoffentlich lebt unsere Hilde noch, dann will ich wie-
der ruhig werden. Du glaubst nicht, lieb Hildeken, was ich
gelitten habe, um dich nur nicht zu verraten. Ich habe ja so
viel Schläge von der Gestapo bekommen. Mein Leidensweg

war hart. Ich habe 12 Monate hier im Gefängnis gesessen. Von hier kam ich ins Zuchthaus nach Kotbuss von hier nach Auschwitz ins KZ. Dort war die Hölle los. Als ich in Auschwitz ankam, bekam ich eine Nummer auf den Arm tätowiert, dann bekam ich die Haare abgeschnitten und KZ- Kleidung an. Ich musste sehr schwer arbeiten und zwar in der Weichsel ,den ganzen Tag im Wasser. Dort blieb ich 10 Monate. Von hier kam ich nach Sachsen in eine Munitionsfabrik mit SS- Bewachung. Von hier kam ich nach Theresienstadt, wo ich Rosa traf. Sie war G.s.D. nur 7 Monate fort. Am 1. Mai wurden wir von den Russen befreit. Wir konnten es gar nicht fassen, dass wir wieder frei waren. Ich wog noch 70 Pfund. Liebe Hilde, ich kann es dir gar nicht schildern, wie es in Au schwitz war. Wir mussten zusehen, wie die Menschen verbrannt wurden. Die Knochen mussten wir zusammensuchen und noch fahren in eine Grube. Ich habe so viel Schreckliches gesehen , dass ich heute noch keine Ruhe finde. In Essen bin ich die einzige Frau, die von Auschwitz zurückgekommen ist. Lebten doch unsere Lieben noch! Sie konnten diese harte Probe nicht aushalten. Ludwig, Else und Erich sind dort zu Grunde gegangen. Erich ist erschlagen worden, Ludwig soll erschossen sein. Von Else fehlt jede Spur. Alle anderen sind verschollen. Tilla schrieb noch nach Gustav Ende 1944 von Danzig. Stutthof liegt bei Danzig. Hier sind nicht viele rausgekommen. Betty war in Ravensbrück, dort war es auch fürchterlich. Es fehlt jede Spur. Unsere Mama ist von Theresienstadt nach Auschwitz (Oktober 1944) gekommen. Dort wurden alle alten Leute sowie auch junge verbrannt. Ja, liebe Hilde, es ist zu schrecklich dies zu schreiben, aber du wolltest es ja wissen. Trude Wolf wird wohl auch nicht mehr leben, wie ich gesehen habe, kamen die Juden von Amsterdam nach Auschwitz. Das glaube ich dir, dass Deutschland für dich erledigt ist, für mich aber auch. Wenn wir doch mal zusammen sprechen könnte! Ich möchte dir soviel erzählen, was ich nicht schreiben kann. Betty ist noch nicht zurück.. Alle Hoffnung haben wir verloren...

Diese Briefe zu lesen, bereitet mir immer wieder Schmerzen. Sie dann hier auf das Papier zu bringen, hat etwas von loslassen. Wie ein Katalysator reinigt das erneute Niederschreiben mein Inneres. Es ist mir aber auch jetzt noch nicht möglich, eine zeitliche Reihenfolge in diese Briefe zu bringen. Das geht nicht! So pragmatisch kann ich damit nicht umgehen. Lesen, sortieren, scannen, speichern, kopieren, einfügen und letztlich in Cambria noch einmal in den PC übertragen. Das kann ich nun doch nicht. Es sei mir bitte verziehen.

Nachrichten im Internet, (zuletzt am 10.07.2008), in einer Schreibpause gelesen:

Auch hier nur auszugsweise wiedergegeben:

„Dr. Tod" wahrscheinlich in Südamerika untergetaucht"

Der Nazi-Verbrecher Aribert Heim ist nach Einschätzung des Simon-Wiesenthal-Zentrums noch am Leben und hält sich möglicherweise in Chile oder Argentinien auf.

Beiname „Doktor Tod"

Der Österreicher Heim war von 1941 bis 1945 Lagerarzt im KZ Mauthausen in der Nähe von Linz. Dort war er für die sadistische Art bekannt, mit der er Hunderte von Insassen tötete etwa durch Spritzen ins Herz oder bei Operationen ohne Betäubung. Diese Grausamkeit trug ihm den Namen „Doktor Tod" ein. Deutschland, Österreich und das Wiesenthal-Zentrum haben eine Belohnung von 310.000 Euro für Hinweise ausgesetzt, die zu Heims Verhaftung führen.

Keine Verjährungsfrist für Völkermord

Das Argument, es sei falsch, einen 94-Jährigen vor Gericht zu stellen will Zuroff nicht gelten lassen: "Mörder werden nicht plötzlich schuldlos, nur weil sie ein bestimmtes Alter erreichen." Gebe es ein zeitliches Limit für gerichtliche Verfolgungen, so käme das einer Verjährungsfrist für Völkermord gleich.

„Vielleicht leben Menschen ohne Gewissen ja länger, weil sie sich nicht so plagen müssen", sagte er.

So ist das, die Vergangenheit schleicht sich in die Gegenwart. Noch ist nichts verloren. Nie ist etwas ganz verloren, wir dürfen nur nicht mit dem Suchen aufhören. Das soll hier nicht heißen, dass wir nichts Neues beginnen sollen, es soll nicht heißen, dass wir uns an Vergangenes klammern sollen, weder an Gutes noch an Schlechtes. Es soll nur bedeuten, dass, auch wenn wir vergeben haben, die Folgen unserer Taten noch lange spürbar sind.

Gerade habe ich eine E-Mail aus Gelsenkirchen erhalten, das Geld für die Stolpersteine für Fritz und Grete ist angekommen. Auch die Fotos und einige Kopien von den letzten Briefen. Herr Jordan vom Gelsenzentrum wird sie veröffentlichen. Der nächste Schritt zum „Nichtvergessen" ist getan. Ich bin froh.

Habe mit Tante Hilde telefoniert. Elfriede und sie werden den Stolperstein für Mathilde bezahlen! Nun bin ich besonders froh.

Wie es dann so ist, die Gegenwart meldet sich sofort.

1 Stunde später:

Vor einer Stunde war ich noch froh, dass sich in Deutschland wirklich etwas tut. Nun bin ich wieder unglücklich. Bei der Suche im Internet nach einem Videofilm mit dem Titel „Geblieben sind nur die Namen" gerate ich auf eine rechtsradikale Seite. Es ist so furchtbar, es ist so furchtbar, es ist so furchtbar! Es ist so dumm! Es ist hirnlos! Ich möchte hier weg! Ich möchte mit meiner Familie hier weg! Tante Hilde schrieb vor mehr als 50 Jahren, dass Deutschland für sie erledigt sei. In diesen Minuten ist Deutschland für mich auch erledigt. Es ist nur an der Oberfläche besser geworden, im dunklen Untergrund sitzt noch immer oder schon wieder die braune Horde. Werden die Menschen denn niemals klug? Begreifen sie denn nicht, dass der Holocaust für die Menschheit eine Mahnung gewesen ist? Muss denn immer Gewalt gepredigt werden? Nicht nur gegen die Juden, gegen alles, was anders ist, was eine andere Meinung, eine andere Religion, ein anderes Aussehen hat. Der Alptraum will kein Ende nehmen.

Noch einmal......

Ich führe mir jeden Menschen oder jede Gruppe von Menschen vor Augen, dem oder denen gegenüber ich Ärger, Neid, Groll, Abscheu oder gleich mehreres davon empfinde. Mit dem Licht dieses Namens lasse ich die vergifteten, negativen Gefühle in mir einfach fallen."

Ich will es unbedingt versuchen! Es gibt und gab so viele Menschen auf der Welt, die es nicht verdient haben, dass ich einen solchen Abscheu empfinde.

Sie leisten Widerstand, jeder auf seine Art. Das war auch damals so in Deutschland, in Schweden, in Dänemark, in Holland, in Frankreich, in ganz Europa. Und auch den Menschen, die teilweise für ihre menschlichen Ideale mit ihrem Leben bezahlt haben, will ich hier danken. Ihnen habe ich zu verdanken, dass meine Tante Hilde überlebt hat.

Es tut sehr gut positive Gedanken zu entwickeln. Es verwandeln sich fast auf der Stelle die negativen Gefühle in positive, die Muskeln entspannen sich und der Atem wird freier. Dann kann es ja weitergehen. Weiter in der vergangenen Gegenwart.

Folgenden Brief muss meine Großmutter noch im Februar oder März 1942 geschrieben haben. Das Datum ist der 8.2. Denn anscheinend haben sich einige von den Deportierten noch mehrere Male vor ihrem Tod bei Oma Fanny gemeldet. Fanny ist am 29.07.1942 deportiert worden. Auch meine Tante Else fügt ein paar Zeilen hinzu, auch sie wurde gemeinsam mit ihrer Mutter deportiert. [8]

„Meine liebe Hilde. Ich weiß, mein l. Kind, dass du schon lange mit Sehnsucht auf ein paar Zeilen von mir gewartet hast, konnte aber bis jetzt noch nicht meine Gedanken zusammenkriegen. Ja, meine liebe Hilde, es ist ganz furchtbar, dieses elende Leben. Du wirst schon von Julchen gehört und erfahren haben, dass Tilla, Fritz, Grete, Arthur und Familie, Siegfried u. Frau die Reise hinter sich haben. Ich habe mich schon so darüber gegrämt und kann aber alles nicht fassen. Die l. Tilla schrieb noch 4 x von der Reise. Auch Grete u. Siegfried u. Arthur schrieben alle noch einige Mal u. nun ist alles vorüber. Die letzte Post kam von Tilsit. Wenn ich nur wüsste, wo die Lieben wären. Ich will mal an Willon, der beim Hilfsverein ist, anfragen. Wenn Tilla reklamiert hätte weiß ich bestimmt, dass sie noch nicht weg brauchte, aber sie wollte ja mit den Gelsenkirchenern weg, u. Tilla geht mir auch nicht aus dem Sinn, weil sie doch schon so viel mitgemacht hat und für mich so lieb und gut war. Alle meine Kinder. Ich weiß nicht, warum der l. Gott alles so lange mit ansehen kann. Ich habe mich schon so beruhigt u. ich glaube, dass es nicht mehr lange dauert und wir alle gehen den Weg. Wenn ich dann zu meinen Kindern komme, dann will ich gerne alles hinnehmen, was auch kommt. Nun, l. Hilde, wie geht es dir denn noch, schreiben von dort auch Leute? Du glaubst nicht,

wie ich warte, von dir etwas zu hören. Warum schreibst du nicht? Hat dir Tilla auch geschrieben? Frau Wolf, Trudes Mutter, ist ja auch mit. Ich war erst noch bei den lieben Kindern bis zwei Tage vor ihrer Abreise. Ich habe auch Sorgen um dich. Der l. Gott behüte dich und alle meine Kinder und gebe doch bald Frieden, und nun meine l. Hilde, gratuliere ich dir noch herzlich zum Geburtstag. Und gräme dich nicht zu sehr. Ich bin auch jetzt gefasster..Vielleicht werden wir auf wunderbare Weise gerettet. Erwarte bald von dir, mein l. Kind, einen Brief und nehme noch die herzlichsten Glück- und Segenswünsche von deiner dich liebenden Mutter."

Else schreibt dann noch u. anderem:

"Wer hätte das gedacht, dass es uns mal so ergehen wird, aber wir müssen stark sein und hoffen, dass du, liebe Hilde, es auch bist."

Hoffnungslosigkeit   Anna Lea Goldschmidt

In einer Zeile schreibt meine Großmutter von einem Herrn Willon. Max Willon war von der Gestapo beauftragt, die „Abwanderung der Juden" zu erledigen. Dies war ein besonderes Schicksal, das er zu tragen hatte. Seine Frau und er hatten die Hoffnung, dass sie durch diese furchtbare Arbeit von der Vernichtung verschont blieben. Am 17.05.1943 ist auch er mit seiner Frau Paula nach Theresienstadt deportiert worden und nie mehr zurückgekehrt.

Nachdem die letzten Briloner Juden aus Brilon abtransportiert worden waren, hängte ein Briloner Handwerker in Brilon ein Schild auf mit der Aufschrift „ Brilon judenfrei".

Auch wenn die Familie Willon nicht zu meiner Familie zählt, will ich hier doch noch einen Auszug aus einem Schreiben der Stadt Brilon aus dem Jahre **1955** anfügen. Diese Schreiben sind immer wieder erschreckend!

Willon war aus Anlaß der Protestaktion gegen Juden vom 1o.November 1938, 11,3o Uhr bis 11. November 1938, 15,3o Uhr im Polizeigefängnis in Brilon in Schutzhaft und vom 12. November 1938 bis 16.Dezember 1938 im KZL. Sachsenhausen bei Oranienburg interniert.
Im übrigen ist Willon in keiner Weise politisch verfolgt worden.
Er unterlag keinerlei Freiheitsbeschränkung und konnte er sich auf Anordnung der Geheimen Staatspolizei frei bewegen um die Abwanderung der Juden zu regeln.

2. ol. fi.   Stadtinspektor .

134

Nachdem die letzten Briloner Juden aus Brilon abtransportiert worden waren, hängte ein Briloner Handwerker in Brilon ein Schild auf mit der Aufschrift »Brilon judenfrei«.

„Willon war aus Anlass der Protestaktion gegen Juden vom 10. November 1938, 11:30 Uhr bis 11. November 1938, 15:30 Uhr im Polizeigefängnis in Brilon in Schutzhaft und vom 12. November 1938 bis 16. Dezember 1938 im KZL Sachsenhausen bei Oranienburg interniert. Er unterlag keinerlei Freiheitsbeschränkungen und er konnte sich auf Anordnung der Geheimen Staatspolizei frei bewegen, um die Abwanderung der Juden zu regeln."

Hat sich eigentlich etwas geändert? Ich frage mich das immer wieder, auch wenn ich einige Zeilen zuvor von Veränderungen gesprochen habe. Ja, Gott sei Dank hat sich seit 1955 viel geändert. Viele Juden und Nichtjuden begegnen einander nicht mehr misstrauisch, achten den anderen in seiner Individualität. Dieses grauenvolle Geschehen, dass nun schon zwei Generationen zurück liegt, liegt nicht in der Verantwortung der heutigen Generation.

Dieser Planet hat es bitter nötig, dass sich die gesamte Menschheit mit allen ihren Kräften für ihn einsetzt. Doch dazu bedarf es unter den Menschen einer Einheit in all der Verschiedenheit.

Dieser Weg liegt vor uns und er soll in die Freiheit führen und nicht in den Vernichtungslagern enden.

Die Erinnerung   Anna Lea Goldschmidt

Diesen Brief hat Freds Vater 1946 an seine Schwester Friedel geschrieben. Er liest sich wie ein hilfloser Versuch, eine grausame Begebenheit so sachlich wie möglich zu beschreiben. Einige Auszüge im Folgenden:[9]

Åmål, 10.7 1946

Mein liebe, liebe Friedel und Wendelin!

Immer kann ich es noch nicht fassen, dass wir uns wiedergefunden haben. Euern lieben Brief, den ich heute erhalten habe, muss ich immer wieder lesen. Auch ihr habt genug mitgemacht. Ja, es reicht uns allen. Wendelin, immer denke ich an deine Worte, wie du gesagt hast, wir haben uns eine schlechte Zeit zum Leben ausgesucht, entweder 50 Jahre früher oder 50 Jahre später. Nun wollen wir aber hoffen, dass es jetzt besser wird.

Nun will ich euch aber einen kurzen Querschnitt über mein Leben der letzten Jahre geben. Also, nachdem wir in Hamburg uns von euch verabschiedet haben, wurden wir im Hannoverschen Bahnhof in einen Personenzug gesteckt. Ziel war uns unbekannt. Wir waren alle in einem Abteil zusammen, Mutti, Vätel, Tante Betty, Else, ich und das Kind. Am 3. Tag unserer Reise landeten wir auf einem Bahnhof bei Riga und wurden wir dort von der SA in Empfang genommen. Das heißt, die ersten zwei wurden gleich vor unseren Augen umgelegt. Alle mussten sich aufstellen und dann wurden die Menschen abgetrieben von Lettischer SS, die noch furchtbarer war als die deutsche. 30 Mann wurden ausgesucht zum Arbeiten, darunter auch ich und das war mein Glück, den die anderen Männer kamen, nachdem sie das Lager erreicht hatten (es hatte den schönen Namen Jungfernhof) gleich

zum Appell und wurden in das Lager Salaspils bei Riga abge-
führt. Fragt bitte Hilde Loeb, was das Lager Salaspils ist.
Täglich 30-35 Tote. Todeslager. Albert war auch dabei und
soll schon nach 3 Tagen tot gewesen sein.

Was soll ich euch schreiben, wie wir untergebracht waren.
Ein Gut ungefähr so groß wie Klein Bamsen, belegt mit 6000
Menschen, denn es waren vor uns schon Transporte aus
Wien, Bayern, Stuttgart dort.

Die Hamburger Kleinkinder, ungefähr 18 Stück, hatten in-
zwischen auch eine Unterkunft gefunden, in der sie vor dem
Erfrieren geschützt waren, und Else hat fast allein die gan-
zen Kinder versorgt. Kurz vor Weihnachten (1941) begann
Vätel zu klagen über Schmerzen in der Lunge und hatte auch
Fieber. Heiligen Abend hat er nicht mehr aufgestanden, er
fühlte sich schlecht. Der Arzt stellt Lungen- und Rippenfell-
entzündung fest. Jetzt begann eigentlich die schwerste Zeit
für mich. Mutti war auch krank (Brechdurchfall) .Else kam
mit einer Halsentzündung ins Revier und das Kind hatte
Masern.

Alles zur selben Zeit und nichts zu essen,

Täglich waren Appelle und Leute wurden fortgeschafft. Man
sagte uns ins Ghetto, nach Riga, und wir waren so naiv es zu
glauben. Da wir aber doch zusammenbleiben wollten, habe
ich unsere Altchen immer versteckt, bis einmal überraschend
Appell war. Mutti ist gerade übern Hof gegangen, wurde
geschnappt, aufs Auto gesetzt und ich habe sie nur noch von
weitem winken gesehen. Das war alles, seitdem habe ich nie
wieder von ihr etwas gehört. Es war am 10. Februar 1942. Es
kamen damals noch 600 andere alte Leute mit fort. Vätel
wurde auch immer schlechter und ist am 22. Februar 1942
nachmittags gegen 3 Uhr 30 Minuten ruhig eingeschlafen in
meinem Arm. Er liegt noch mit 600 anderen erschossenen,

gehängten, erfrorenen Juden in einem Massengrab, dort auf dem Jungfernhof.

Am 26. März sollte der Hof nun ganz geräumt werden, bis auf 300 Menschen, die noch aufräumen sollten. Auch ich gehörte zu diesen 300, trotzdem ich mich gemeldet hatte, nicht zu gehen, denn ich wollte doch bei Else und dem Kind bleiben. Es ist mir aber nicht erlaubt worden. Man sagte mir, ihr kommt alle nach und muss hier erst Ordnung gemacht werden. Es hieß, die Leute, es waren ungefähr 2000, kommen nach Dünamünde in Konservenfabriken und in drei Wochen kommt ihr nach. Also habe ich mich von Else, dem Kind und Tante Bette, die sich übrigens sehr gut gehalten hatte, verabschiedet, ohne zu denken, dass es für immer sein sollte. 2 Stunden später hat man uns aber schon gesagt, dass wir unsere Lieben nicht mehr wiedersehen werden. Wenn ich heute an alles zurückdenke, Tauschhandel, Eltern verstecken usw. läuft es mir jetzt noch kalt übern Rücken. Das ich noch normal bin, ist wirklich ein Wunder. Alle Einzelheiten zu schreiben, ist in einem Brief unmöglich, denn alles war ein Spiel mit dem Tode.

Die Schwester Friedel antwortete natürlich sogleich und berichtete ihrerseits von ihren Erlebnissen und von der Freude, ihren tot geglaubten Bruder Leonhard unter den Überlebenden zu wissen.

So schreibt sie:

Hamburg, den 24.05.1946

Mein lieber, lieber Hartel!

Endlich, endlich erhielten wir heute ein direktes Lebenszeichen von dir und zwar in deinem Brief vom 8.5. Wie wir uns dazu gefreut haben, kannst du dir ja vorstellen.

Sie berichtet weiter:

Ach, was haben wir uns gefreut, als Elias mir sagen ließ, dass du lebst. Ich konnte es immer noch nicht glauben.

Leider komme ich nicht darüber hinweg, dass unsere l. Altchen, Else und das Wurm nicht wiederkommen. Wie mag man sie nur gequält haben. Nur nicht denken, man könnte vor Gram vergehen.

Sie schreibt auch über ihre Erlebnisse des Bombenangriffs vom 24. und 25. Juli 1943. Zu der Zeit lag sie im Krankenhaus und war gerade frisch operiert:

„Am Morgen des 25. Juli erschien im Krankenhaus ein Trupp SS und schmiss alle Juden raus. Alles, was Beine hatte, war getürmt, nur wir Hilflosen waren ihrer Willkür ausgesetzt. Man stellte uns Operierte auf den Hof, wo wir jeden Augenblick in Flammen aufgehen konnten, da es rings um uns brannte. Dann hatte es Dr. Merten durchgesetzt, dass man uns wenigstens ins Treppenhaus stellte.

Es folgt die auszugsweise, zusammenfassende Wiedergabe eines auf verschiedenen Quellen basierenden Berichtes über o.g. KZ.

Riga wurde am 29.07.1941 von deutschen Truppen besetzt. Damals lebten in Riga noch ca. 29500 Juden. Die in Riga eingewiesenen Juden wurden in verschiedenen Aktionen umgebracht. Am „Blutigen Sonntag", 30.11.1941 und am 8.12.1941 fanden die letzten und größten Pogrome gegen die Rigaer Juden statt. Nach dem 08.12.1941 betrug die Zahl der noch lebenden lettischen Juden etwa 4000. Im August 1942 wurden die Transporte von Reichsjuden wieder aufgenommen. Die in Riga ankommenden Juden wurden von wenigen kräftigen Männern (5-80 je Transport) abgesehen, unmittelbar nach der Ankunft „liquidiert".

Jungfernhof war ein landwirtschaftliches Gut, dessen Eigentümerin die Stadt Riga war. Auch hier fand bei der Ankunft sofort eine „Sortierung" statt. Arbeitskräftige Juden kamen nach Salaspils. Die Unterbringung war sehr schlecht und es war ungeheuer kalt. Die Menschen erfroren! Die Zahl der Toten betrug etwa pro Woche 80. Die meisten Frauen und Kinder. Da der Boden gefroren war, konnte man die Toten zunächst nicht beerdigen, bis man schließlich ein Loch sprengte und die mehreren hundert Toten darin begrub. Am 26.03.1942 fand die sg. „Aktion Dünamünder Konservenfabrik" statt. 440 Menschen wurden ausgewählt, weiter auf dem Jungfernhof zu arbeiten. Alle anderen wurden von Autobussen und Lastwagen abgeholt und in den Bickenicker Hochwald gebracht. Vorher waren große Gruben ausgehoben worden, die Opfer wurden in die Gruben gestellt und mit Maschinengewehren erschossen. Nach dieser Aktion vom 26.03.1942 waren höchsten 100 Menschen übriggeblieben. Man kann davon ausgehen, dass Frauen, die älter als 55 Jahre waren, Männer älter als 60 Jahre den 26.03. nicht überlebt haben.

Es existiert folgendes Protokoll aus dem Ermittlungsverfahren der Staatsanwaltschaft Hamburg gegen den Adjutanten Maiwald und andere, wegen der Massenmorde an jüdischen Bürgern in Riga/Lettland während der Jahre 1941 bis 1944.

Auch hier nur Auszüge, der vollständige Text ist im Anhang ganz zu finden:

Gleich bei der Ankunft war ich Augenzeuge bei der Erschießung eines jüdischen Glaubensgenossen, als dieser auf der verkehrten Seite des Transportzuges ausstieg.... etwa im Februar 1942 war ich Augenzeuge, als ein aus Wien stammender Häftling, ca 16-17 Jahre alt, sich außerhalb des Lagers begeben hatte...er wurde festgenommen... sollte in eine bestimmte Richtung gehen und wurde dabei von rückwärts erschossen. Der junge Mann war noch nicht sofort tot, sondern erhielt zwei Gnadenschüsse ....auch ein anderer Mann wurde vor aller Augen auf dem Lagerplatz gehängt... 1944 wurden 20 Kinder erschossen.. man sagte zu den Eltern "jetzt werden eure Kinder erschossen und dann kommt ihr dran!"

Es ist sehr schwer für mich, nach dem Lesen der Briefe und Dokumente meine Gefühle in Worte zu kleiden. Immer wieder sage ich mir: Jetzt hör endlich auf! Mach endlich Schluss! Schließe die Vergangenheit wieder in eine stille Kammer, aber lass ein klares Fenster sein, das es dir immer wieder ermöglicht einen Blick in diese Kammer zu werfen. Lass eine Tür sein, die du öffnen kannst, damit du diese Kammer auch wieder betreten kannst! Lass alles endlich seinen Frieden finden!

Die Wiederherstellung der Welt, das Tikkun Olam, wie es bei den Juden heißt, ist ein langsamer, schwieriger Prozess. Wir dürfen daran teilhaben, wenn wir nur wollen.

Morgen werde ich wieder nach Schweden fliegen (wie alle 14 Tage). Bestimmt wird es gut tun, nicht nur bei Fred zu sein, sondern auch einen kleinen zeitweiligen Abstand von diesem Buch zu gewinnen.

Ich will eine Liste machen, auch wenn es schmerzt. Sie wird nicht alphabetisch sein.

Eine Liste mit den Namen und den Todesdaten der Umgekommenen, mit den Fotos und vielleicht auch mit den individuellen mir verbliebenen kurzen Geschichten. Das, was ich weiß, soll erhalten bleiben, soll weiter erzählt werden können. Das Wenige, was geblieben ist, soll nicht vergessen werden.

Die Liste

Salomon „Rebbens" Goldschmidt, geb. 1875

Er war ein Bruder meines Großvaters Hermann Goldschmidt.

Salomon und seine Frau Rosa Süßmann, geb. 1879 wollten vor dem Zweiten Weltkrieg ihre Heimat nicht verlassen. In der Reichskristallnacht wurde ihr Haus teilweise zerstört. Aufgrund einer Erkrankung blieb Salomon eine Inhaftierung zunächst erspart.

Vielleicht in der Hoffnung, doch noch ausreisen zu können, verkauften sie am 6.11.1939 ihr Haus. Rosa war an Rheuma erkrankt und lebte mit ihrem Mann in ärmlichen Verhältnissen.

27.07.1942

Das Ehepaar Salomon und Rosa Goldschmidt wird mit dem Kutschwagen abgeholt und zum Bahnhof gefahren. Die Deportation führte über Theresienstadt nach Auschwitz. Beide wurden vom Amtsgericht am 14.08.1947 für tot erklärt. Als Zeitpunkt des Todes wurde der 22.10.1944, 9.00 Uhr festgesetzt.

 **Goldschmidt**, Rosa geb. Süßmann
* 20.12.1879 in Altenbeken
wohnhaft in Madfeld
Deportation: ab Dortmund
29.07.1942 Theresienstadt
23.09.1942 Treblinka

 **Ludwig Goldschmidt geb. 1910 und**

 **Ilse Hesse, geb. 1922**

02.03. 1943 verschollen in Auschwitz

1942 heiratete Ludwig Ilse Hesse aus Brilon. Doch dauerte ihr Zusammensein nicht lange. Ilse wurde am 2.3.1943 deportiert. Ihre Mutter und ihr Bruder Norbert wurden ebenfalls am selben Tag deportiert.

In der Reichskristallnacht wird er in das Feuerwehrhaus gepfercht und am nächsten Tag in das KZ Sachsenhausen abtransportiert. 1939 wurde er zunächst wieder entlassen. Er liebte seine Heimat zu sehr und ist nicht wie seine Brüder Kurt und Ernst ausgewandert. Selbst als alle anderen

Juden (auch seine Mutter) bereits abtransportiert waren, blieb er noch in seinem Dorf.

Zusammen mit seiner Frau Ilse Hesse, geb. 1922 wird er am 2.3.1943 nach Auschwitz gebracht. Mit Ilse Hesse starben in den Gaskammern von Auschwitz die Mutter Rika Hesse, die Brüder Norbert (19 Jahre alt) und Helmuth (9 Jahre alt). Der Vater Isidor war bereits tot. Er starb in einem Arbeitslager.

Ludwig starb in Bergen-Belsen.

Die einzige Überlebende der Familie Hesse, eine Irene Hesse aus Detmold, schrieb 1946 an die Stadt Brilon:

„Da ich die einzige Überlebende der Familie Isidor Hesse bin, so möchte ich sie bitten, mir über den Verbleib des Inventars meiner Verwandten Auskunft zu geben, da ich die Erbin bin. Hochachtungsvoll, Irene Hesse Detmold-Lippe". Sie bekam von der Stadt Brilon die Auskunft, dass die Familie im März 1943 mit unbekanntem Ziel verzogen sei. Das Inventar der Wohnung der Familie Hesse sei nach deren „Wegzug" vom Finanzamt versteigert worden.

 **Mathilde Goldschmidt, geb. 1896**

Mathilde war die älteste Tochter meiner Großeltern Fanny und Hermann Goldschmidt. Sie war mit Salli Wertheim verheiratet. Beide hatten eine koschere Schlachterei und ein Wurstwarengeschäft in Gelsenkirchen. Meine Tante Hilde verbrachte einen Großteil ihrer Kindheit und Jugend bei ihr. Sie war ihr die zweite Mutter.

Die letzte Karte, die meine Tante Mathilde an meine Tante Hilde nach Holland geschickt hat. [10]

Wir sind wieder auf dem Sprungbrett. Arthur hat Bescheid zum 20. und Tante Hedwig am 22. Und wir bekommen täglich Bescheid, denn das ist bei jedem Transport anders.

Wertheim, Mathilde

geb. Goldschmidt, 18.07.1896 in Madfeld

wohnhaft Gelsenkirchen
Deportation: ab Gelsenkirchen-Dortmund
27.01.1942, Riga

Todesdaten: 02.01.1945, Stutthof

Mathilde wurde in Stutthof ermordet. Laut ihrer Nichte Edith, Tochter von Rosa Goldschmidt verh. Berger, wurde Mathilde in der Ostsee ertränkt. Diese Information hat Edith von einer Frau Hannelore Simon, die sie 1947 bei ihrer Auswanderung in die USA getroffen hat und die wahrscheinlich Mathilde und Grete Löwenstein gekannt hat. Zu dieser Version passt auch folgende Eintragung zu dem KZ Stutthof (Wikipedia)

Am 31. Januar (1945) wurden am Strand bei Palmnicken rund 3.000 jüdische Häftlinge von der SS mit Maschinengewehrfeuer in die Ostsee gehetzt oder erschossen, andere im Hof der Bernsteinfabrik erschossen. Die Aussage von Frau Simon bleibt aber dennoch nicht verifizierbar.

 **Fritz Goldschmidt, geb. 1913 und Grete Löwenstein, geb. 1922**

Fritz wohnte mit seiner Frau Grete (geb. Löwenstein) in Gelsenkirchen. Er war Maler und Anstreicher von Beruf, er tanzte für sein Leben gern und war auf jedem „Tanzvergnügen" ein gefragter junger Mann.

Er wurde von Gelsenkirchen aus mit seiner Frau Grete Löwenstein nach Auschwitz deportiert und vom Amtsgericht Gelsenkirchen am 24.01. 1950 für tot erklärt. Seine Frau gilt als verschollen in Riga.

Beide wollten wohl nach England auswandern und baten darum, dass Kurt (Bruder von Fritz)für sie bürgt. [11]

Mein lieber Kurt! Von unserer großen „Feier" von lb. Hildes Abschied + unserer Verlobung senden dir lb. frischgebacke-

ner Schwager allerherzlichste Grüße. Aus deinen l. Zeilen haben wir dein Wohl ersehen. Jetzt warten wir jeden Tag, dass du uns rüberholst! Du brauchst mir nicht mal Taschengeld zu stiften! Also, bitte, kein Zögern hilft mehr! Ach, wenn das doch bald wahr wäre.

Der größte Transport aus Gelsenkirchen fand am 27. Januar 1942 statt. 355 jüdische Mitbürger wurden zunächst sichtbar für alle auf dem Wildenbruchplatz gesammelt. Viele mussten für ihre „Evakuierung nach Osten" sogar die Fahrkarte bezahlen.

Hier im Güterbahnhof stiegen sie in die Züge (es waren Personenzüge) und wurden nach Riga geschafft.

Hier wurden die restlichen jüdischen Bürger zusammengetrieben und in Eisenbahnwagen verladen, noch unter der Vorspiegelung, als werde am Ende der Deportation eine wenn auch beschränkte Existenzmöglichkeit stehen.

Der erste Transport umfasste 355 Juden aus Gelsenkirchen und führte am 27. Januar 1942 in das Ghetto von Riga. Ein zweiter Transport ging am 31. März 1942 nach Warschau, ein dritter am 27. Juli 1942 nach Theresienstadt.

Das Schicksal der aus Gelsenkirchen stammenden jüdischen Mitbürger ist eindrücklich von Andrea Niewerth geschildert worden, deren Untersuchung über die „Gelsenkirchener Juden im Nationalsozialismus" (Essen 2002, gg. Institut für Stadtgeschichte) zu den Standardwerken zur Geschichte der nationalsozialistischen Judenverfolgung gehört.

Die dem ersten Transport angehörenden 355 Gelsenkirchener Juden gelangten in das Ghetto Riga und sind zum größten Teil in den östlichen Lagern umgekommen. Insgesamt haben von 615 deportierten Juden aus Gelsenkirchen nur 105 überlebt.

Buch der Erinnerung. Die ins Baltikum deportierten deutschen, österreichischen und tschechoslowakischen Juden, bearb. v. Wolfgang Scheffler u. Diana Schulle, Bd. 2, München 2003, S. 841:

Goldschmidt, Fritz, geb. 4.9.1913 in Madfeld, Krs. Brilon, Westf.; LA (= letzte Anschrift/letzter Aufenthaltsort in Dtld.): Gelsenkirchen, Theresienstr. 6; "am 01.10.1944 in Stutthof angekommen";

Goldschmidt, Grete, geb. Löwenstein, geb. 16.5.1922 in Bremen; LA: Gelsenkirchen, Theresienstr. 6; "am 01.10.1944 in Stutthof angekommen"; LL (letztes Lebenszeichen): 1.10.1944 in Stutthof

Die Eltern von Grete Löwenstein, Dora und Siegfried Löwenstein , wurden in Minsk bei Massenerschießungen umgebracht. Beide wohnten zuletzt in Bremen, nachdem sie Syke verlassen hatten. In Syke ist heute eine Straße nach Dora benannt, der Dora-Löwenstein-Ring.

 **Else Goldschmidt, geb. 1919**

Meine Tante Else war verheiratet mit Erich Weinberg. Sie war das jüngste Kind meiner Großeltern. Auch sie lebte für eine Weile bei ihrer Schwester Mathilde in Gelsenkirchen. Am 27.12.1940 zog sie von Madfeld nach Bielefeld. Dort heiratete sie Erich Weinberg, kam aber 1941 von Bielefeld zu ihrer Mutter und ihren Geschwistern nach Madfeld zurück. Sie wollte die Mutter unterstützen.

Ein Zeitzeuge aus Madfeld berichtete, dass Else mit auf dem Kutschwagen saß, der am 27.07.1942 von Madfeld nach Bredelar zum Bahnhof fuhr, um sie mit dem Zug in Richtung Osten zu verschicken.

Else Weinberg, geb. Goldschmidt, wurde am 17.03.1950 vom Amtsgericht in Brilon für tot erklärt. Der Todeszeitpunkt auf den 08.05.1945 festgesetzt.

Weinberg, Erich

* 03. Dezember 1914 in Assinghausen

wohnhaft in Wolfenbüttel

Deportation:

ab Paderborn - Hannover - Erfurt - Dresden

02. März 1943, Auschwitz, Vernichtungslager

Erich Weinberg, geboren am 3.12.1914, gilt als im Osten verschollen.

In einem Brief vom 30.01.1946 schreibt meine Tante Julchen, dass Erich erschlagen worden sei und Ludwig erschossen wurde.

Fanny Goldschmidt, geb. Mansberg, geb. 1876

Meine Großmutter Fanny... und ich weiß kaum etwas über sie zu berichten .Fast alle Menschen, die dich näher kannten und liebten sind tot.

1938 hat sie bei der Stadt Brilon schriftlich versichert, sofort ihre Ausreise in die Dominikanische Republik zu betreiben. Eine Bescheinigung der Dominikanischen Republik. lag am 5.12.1938 der Stadt Brilon vor, bezog sich aber zunächst auf den ältesten Sohn Siegfried Goldschmidt. Dieser war bereits im selben Jahr in das KZ Sachsenhausen deportiert worden. Durch die schriftliche Versicherung zur Ausreise wurde Siegfried zu Beginn des Jahres 1939 aus dem KZ Sachsenhausen entlassen.

Am 27.7.1942 wird meine Großmutter im Alter von 66 Jahren zusammen mit ihrer Tochter Else im Kutschwagen nach Bredelar gefahren und in Richtung Osten deportiert. Zunächst gelangte sie nach Theresienstadt und wurde später nach Auschwitz gebracht.

Fanny Goldschmidt wurde am 15.05.1944 in Auschwitz ermordet.

Goldschmidt, Fanny
geb. Mansberg
* 14.06.1876 in Madfeld
wohnhaft in Madfeld
Deportation: ab Dortmund
29.07.1942 Theresienstadt
15.05.1944 Auschwitz
Das Amtsgericht erklärte am 17.3.1950 Fanny Goldschmidt für tot.

Hedwig Mansberg, geb. 1878, verheiratet mit Karl Aberbach

Hedwig war eine Schwester von meiner Großmutter Fanny. Sie wohnte in Melle. Bei ihr und ihrem Mann lebte meine Urgroßmutter Sara Mansberg (geborene Rosenthal) bis zu ihrem Tod. Mit Hedwig starb ihr Mann Karl Adolf Aberbach, geb. 1885

 **Aberbach**, Hedwig   geb. Mansbergeb.1879
wohnhaft in Münster i. W.
Deportation: ab Münster-Bielefeld
31.07.1942 Theresienstadt
15.05.1944 Auschwitz

Aberbach, Karl Adolf
* 15.01.1885 in Bolechow
wohnhaft Münster
Deportation:
Ziel unbekannt

 **Siegfried Goldschmidt, geb.1900, und
seine Ehefrau Ruth Frank**

1941 heiratete er Ruth Frank in Herne und lebte dort bis
zu seinem Abtransport.

Siegfried wurde am 23.01.1942 nach Riga gebracht Am
03.11.1943 ist er von dort abtransportiert worden.

Goldschmidt, Siegfried
* 24.10.1900 in Madfeld
wohnhaft in Herne
Deportation: ab Dortmund
23.01.1942 Riga Kowno
01.08.1944 Dachau

Todesdaten:
18.01.1945, Kaufering
Frank, Ruth
geb. Frank
* 12.11.1912 in Herne
wohnhaft in Herne
Deportation: ab Gelsenkirchen-Dortmund
27.01.1942 Riga

Arthur Goldschmidt beantragte am 30.11.1949 Siegfrieds Todeserklärung.

Am 17.1. 1950 wurde er nach Beschluss des Amtsgerichtes in Herne für tot erklärt.

Heinz Werner Goldschmidt, geb. 1935

Goldschmidt, Heinz Werner
* 22.06.1935 in Herne
wohnhaft in Herne
Deportation: ab Gelsenkirchen-Dortmund
27.01.1942 Riga
02.11.1943,Auschwitz
Todesdaten:
Nov. 1943, Auschwitz

Heinz ist mein Halbbruder. Manchmal habe ich gedacht, wäre er nicht umgekommen, würde es mich nicht geben. Dieser Gedanke war schon belastend und es hat einige Zeit gedauert, dieses Schicksal voll anzunehmen.

Mein Vater Arthur wollte auch mit seiner kleinen Familie nach Amerika auswandern. Es existieren noch viele Briefe und Karten, die er seiner Schwester Lina nach Chicago geschickt hat. Mein Vater schreibt, dass Heinz doch schon fleißig Englisch lernt, damit er sich auch unterhalten kann. Der kleine Heinz war gerade mal 7 Jahre alt. So alt, wie mein Enkelkind Mina zum heutigen Zeitpunkt ist.

Martha Goldschmidt, geborene Gottschalk, geb.1905

Goldschmidt, Martha
* 11.07.1905 in Kottenheim
wohnhaft in Herne
Deportation: ab Gelsenkirchen-Dortmund
27.01.1942 Riga
Todesdaten:
Nov. 1943, Auschwitz

Martha Goldschmidt war die erste Frau meines Vaters Arthur Goldschmidt, der die Konzentrationslager überlebt hat. Beide hatten einen gemeinsamen Sohn Heinz Werner. Meine Mutter Ruth hat Martha noch gekannt und erzählte, dass Martha ein sehr fröhlicher, lebenslustiger Mensch gewesen sei.

Dies ist die letzte Karte, die mein Vater und Martha an meine Tante Hilde geschrieben haben.

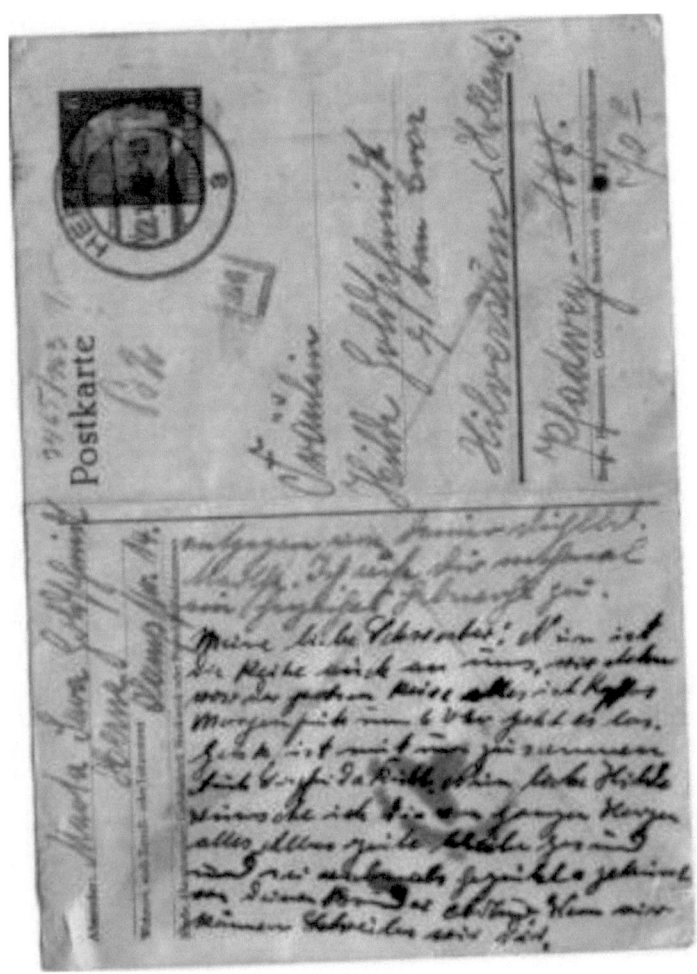

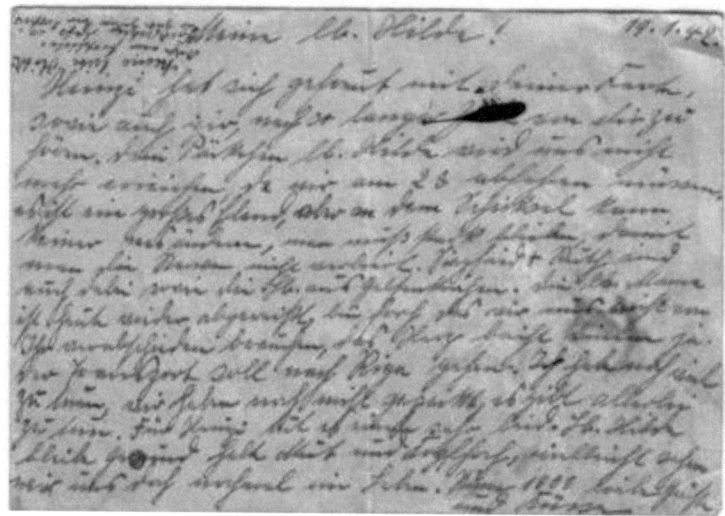

Vorderseite, mein Vater Arthur an seine Schwester Hilde:
Meine liebe Schwester! Nun ist die Reihe auch an uns, wir stehen vor der großen Reise, alles ist kopflos.-.ist mit uns zusammen auch Siegfried und Ruth. Meine liebe Hilde, wünsche ich dir von ganzem Herzen alles, alles Gute, bleib gesund und sei vielmals gegrüßt und geküsst von deinem Bruder Arthur. Wenn wir können, schreiben wir dir.
Rückseite:
Meine liebe Hilde!
Heinzi hat sich gefreut mit deiner Karte sowie auch wir, nach langer Zeit von dir zu hören. Dein Päckchen, liebe Hilde, wird uns nicht mehr erreichen, da wir am 23. abfahren müssen. Es ist ein großes Elend, aber an dem Schicksal kann keiner mehr rühren, man muss stark bleiben, damit man die Nerven nicht verliert.
Siegfried und Ruth sind auch dabei sowie die aus Gelsenkirchen. Die liebe Mama ist heute früh wieder abgereist, bin

froh, dass wir uns nicht von ihr verabschieden brauchen, das Herz bricht einem ja. Der Transport soll nach Riga gehen. Ich habe noch viel zu tun, ich habe noch nicht gepackt, es gibt allerlei zu tun. Für Heinzi tut es einem sehr leid. Liebe Hilde, bleib gesund, halte Mut und Kopf hoch, vielleicht sehen wir uns doch noch mal im Leben. 1000 liebe Grüße und Küsse

Was dann auf diese kleine Familie zukam, war so grausam, dass es nicht in Worte zu fassen ist.

Martha und der kleine Heinz sind umgekommen.

Mein Vater hat überlebt.

Was er überlebt hat, ist in seiner Akte zur Entschädigung für Opfer des Nationalsozialismus nach zu lesen. Er selbst hat es mir, wie an einer anderen Stelle schon einmal erwähnt, nie erzählt. So haben Fred und ich uns 44 Jahre nach seinem Tod auf den Weg nach Düsseldorf gemacht, um Einsicht in seine Entschädigungsakte zu nehmen.

Ich lese diese Akte genau an seinem Geburtstag, am 29.07.2008. Das sollte wohl so sein. Wahrscheinlich hat mein Vater mir beim Lesen über die Schulter geschaut und mir dabei geholfen, nicht sofort wütend oder unendlich traurig zu werden. Beide Gefühle stellten sich nach Verlassen des Gebäudes allerdings sofort ein. Jetzt, beim Niederschreiben, sind Wut und Trauer untrennbar vermischt.

Es ist eine mehr oder weniger Gerichtsakte und entsprechend sachlich ist die Sprache. Auffällig ist aber auch, dass kurz nach dem Krieg die Terminologie der Nazis noch weiter benutzt wurde. Man spricht u.a. von „Rassischer Verfolgung", und von „Volljude - aufgrund der Nürnberger Gesetze" und von "getürmt" anstatt von geflohen.

Er muss unzählige, in meinen Augen teilweise unwürdige, Untersuchungen über sich ergehen lassen, um die körperlichen und seelischen Schäden, die er durch seine Verfolgung und Inhaftierung in den verschiedensten Konzentrationslagern erlitten hat, nach zu weisen. Eintägige psychologische Untersuchungen kommen zu dem Schluss, dass Herr G. „wohl seine grauenvollen Erlebnisse noch nicht restlos überwunden hat und wohl auch in Zukunft wohl nicht so schnell überwinden wird. Diese Erlebnisse haben im Wesen des G. einen besonderen Ernst, vielleicht auch einen depressiven Einschlag bewirkt." Eine Seite vorher werden diese Erlebnisse aufgeführt.

„1934 Zunehmender seelischer Druck durch Schikanen.

1938 Erste Inhaftierung (12.11.- 04.12.1942) im das Polizeigefängnis Herne.

Musste sein Geschäft aufgeben und als Bauhilfsarbeiter arbeiten.

1942 Mit Frau und Kind in das KZ Riga transportiert. Dort bei schlechter Verpflegung Zwangsarbeiten (Zementwerk, Holzverladen, Gipsmahlen, Verladearbeiten im Hafen.)

Von Riga aus in das Vernichtungslager Salaspilz, dort Holz-arbeiten. Wieder in das KZ Riga zurück.

1943 Im November 1943 Verladung in Güterwagen zum Abtransport in Vernichtungslager. Schon auf dem Transport wurden die Kinder vergast, in verschiedenen Waggons begannen Exekutionen. Konnte entfliehen, wurde aber schon bald in der Gegend Korschen - Rastenburg auf-gegriffen und inhaftiert. Zunächst mehrwöchige Haft in Rastenburg, dann Überführung in Gestapohaft nach Königsberg. Dort grausame Misshandlungen mit Prügeln usw. Konnte auf dem Marsch zum Baden erneut entfliehen, wurde aber bei Insterburg erneut verhaftet. Überführung in das Gefängnis Warschau (2 Tage) , Krakau (14 Tage) und schließlich in das KZ Auschwitz und Birkenau. Schlechteste Lebensbedingungen, schwere Misshandlungen mit Pfahlhängen und Schlägen mit dem Ochsenziemer. 25 Schläge mit einem dicken Knüppel auf das Gesäß. Der Kopf wurde bis kurz vor dem Ersticken in Schlamm ge-drückt. Musste Tabakblätter essen und bis zum Erbrechen Wasser hinterher trinken. Durch Prügel Rippenbrüche links. Musste in einem Massengrab die Leichen aufschich-ten und auf Befehl den Toten die Goldzähne ausschlagen. Dort zwei Mal zu Vergasung abgestellt. Sollte erschossen werden. Wie durch ein Wunder davor bewahrt.

Im Januar 1945 wurde das Lager allmählich aufgelöst. To-desmarsch der Häftlinge bis Losslau. Von dort in das Ar-beitslager Gusen und Steyer (8-14 Tage) und schließlich Überstellung in das KZ Mauthausen. Dort waren die allge-meinen Lebensbedingungen unbeschreiblich schlecht, es gab kaum noch Nahrung. Schwere Misshandlungen. Bekam am ganzen Körper Geschwüre und war voll Wasser.

1945 Am 5.5.1945 Befreiung durch amerikanische Trup-pen. Wurde gleich in das israelitische Krankenhaus Wien transportiert und wurde dort einige Monate behandelt, bis er sich allmählich erholte."

Sein Leidensweg ist einer von vielen. Doch beschreibt dieser Weg eine Lebensspanne meines Vaters und wird so zu einem greifbaren, individuellen Bild.

Vom 26.02. 1946 bis August 1964 hat er darum kämpfen müssen, dass alle seine körperlichen und seelischen Leiden zu 60% anerkannt wurden. Viele verschiedene Gutachter haben über die Jahre hinweg seine Leiden zwar erkannt, aber nicht auf seine Verfolgung und Misshandlungen zurückführen wollen. Er starb im August 1964 im Alter von 60 Jahren an den Folgen seiner Leiden.

Eine Woche vor seinem Tod wurden seine körperlichen und seelischen zu 60 % anerkannt.

Wie konnte es dazu kommen, dass ein Mensch solange auf eine Entschädigung warten muss? Vieleicht spricht ja der Titel des Buches „Die biologische Lösung" von Raul Teitelbaum schon für sich. Vor der Wiedergutmachung an den Opfern stellte der Artikel 131 GG eine Fürsorgeregelung für die NS-Beamten in Aussicht. Die Opfer wurden in diesem Zusammenhang nicht erwähnt. Der deutsche Bundestag legte im Mai 1951 fest, dass diejenigen Beamten, die nicht rechtkräftig verurteilt worden waren, wieder in den Öffentlichen Dienst übernommen würden. Damit war auch neben dem Pensionsanspruch auch für die Wiederverwendung der NS Beamten gesorgt. Bis zur Mitte der 50er Jahre war „ fast die gesamte Funktionselite des Dritten Reiches wieder in gleichwertigen oder gar höheren Stellungen als in der Nazi - Zeit."

(Ralph Giordano: Die zweite Schuld oder von der Last Deutscher zu sein, Hamburg / Zürich 1987)

Es ist daher kaum verwunderlich, dass in den Umfragen während des ersten Nachkriegsjahrzehnts 55% der befragten Deutschen, den Nationalsozialismus auch weiterhin für eine gute Sache hielten.

Es ist daher auch nicht verwunderlich, dass mein Vater so lange auf die Anerkennung seiner körperlichen und seelischen Leiden warten musste.

Israel Goldschmidt, geb. 1866

Israel Goldschmidt wurde am 27.07. 1942 mit dem Alterstransport nach Theresienstadt deportiert. Der Stadtdirektor von Brilon wird 1955 schreiben, dass Israel Goldschmidt am 27.07.1942 nach Bielefeld in ein Altersheim verzogen ist. Am Ende dieses Ablehnungsbescheides steht: „Soweit hier bekannt, sind politische Zwangsmaßnahmen gegen Israel Goldschmidt nicht unternommen worden."

Goldschmidt, Israel
* 03.09.1866 in Brilon
wohnhaft in Brilon
Deportation: ab Dortmund
29.07.1942 Theresienstadt
23.09.1942,Treblinka

Seine Ehefrau Augusthe Goldschmidt starb 1941. Ein Jahr vor der Deportation ihres Mannes und ihrer Töchter Julie, Emma, Bertha und Elisabeth genannt Elly und ihres Sohnes Albert.
Der Sohn Siegfried konnte nach Bolivien auswandern. Er stellte im Jahre 1955 einen Wiedergutmachungsantrag an die Stadt Brilon.

Der Stadtdirektor schrieb 1955:

Betr.: Wiedergutmachung
Bezug: Verfügung vom 11. August 1955, A.Z. II/062-20.

Israel Goldschmidt, geb. am 3.9.1866 zu Brilon, hat bis
zum 27. Juli 1942 hier, Königstraße 28 gewohnt.

Nach den vorhandenen Unterlagen ist Israel Gold-
schmidt am 27.7.1942 nach Bielefeld, Altersheim verzogen.

Goldschmidt hat hier eine kleine Getreide-, Futter-,
Kunstdünger- und Fellhandlung betrieben. Der Umsatz war
jährlich ca. 100 Zentner Kunstdünger. Saatfrucht wurde
nur auf Bestellung der Landwirte bestellt. Der Gewinn aus
dem Geschäft erbrachte kaum soviel, daß die Familie ein
kümmerliches Leben fristen konnte. Die in der Schadensan-
meldung von Sohn Siegfried Goldschmidt angegebene Um-
satzsumme erscheint äußerst hoch. Über die Einziehung
oder Beschlagnahme von Gold- und Silbersachen ist hier
nichts bekannt geworden. An Vermögen waren vorhanden:
2 alte Wohnhäuser Königstraße 28 und Petrusstraße 2, so-
wie einige Morgen Ackerland und Garten. Soweit bekannt,
haben die seinerzeitigen Erwerber den vollen Betrag in
Deutsche Mark nachzahlen müssen.

Soweit hier bekannt, sind politische Zwangsmaßnahmen
gegen Israel Goldschmidt nicht unternommen worden.

**Julie Goldschmidt , geb. 1902 ,ihr Mann
Ismar Panitsch und der gemeinsame
Karl Josef Panitsch**

Panitsch, Julie
geb. Goldschmidt
* 03.11.1902 in Brilon
wohnhaft in Köln
Deportation: ab Köln
20.07.1942 Minsk
Todesdaten:
24.07.1942 Minsk

Panitsch, Ismar
* 26.01.1899 in Krotoschin
wohnhaft Köln
Deportation:
20.07.1942, Minsk
Todesdaten:
24.07.1942, Minsk

Panitsch, Karl Josef
* 15.06.1937 in Köln
wohnhaft Köln
Deportation:
20.07.1942, Minsk
Todesdaten:
24.07.1942, Minsk

Die Eltern von Ismar Panitsch, Nathan und Jenny
Panitsch sind in Chelmno ermordet worden.

Elly Goldschmidt, geb. 1907 verheiratete Henochsberg

1941 heiratete sie in Düsseldorf.

Henochsberg, Elly
geb. Goldschmidt
* 08.12.1910 in Brilon
wohnhaft inDüsseldorf
Deportation: ab Düsseldorf
10.11.1941, Minsk
Im Juni 1988 teilte die Stadt Düsseldorf mit:
„Eheleute Henochsberg meldeten sich am 8.11.1941 nach Minsk/Russland ab. Eine erneute Anmeldung in Düsseldorf erfolgte nicht."
(Anmerkung: Das geschah 1988. Ich bin fassungslos! In Minsk wurden alle einheimischen sowie auch alle dort internierten reichsdeutschen Juden 1942 liquidiert.)

Emma Löwenstein geb. Goldschmidt mit ihrem Mann Martin Löwenstein und ihrem Sohn Manfred

Löwenstein, Emma
geb. Stamm-Goldschmidt
* 15.05.1907 in Brilon
wohnhaft Köln
Deportation:
1942, Minsk

Löwenstein, Martin
* 07.11.1902 in Schwetz
wohnhaft Köln
Deportation: ab Köln
20.07.1942, Minsk

Löwenstein, Manfred
* 13.03.1935 in Marburg a. d. Lahn
wohnhaft Köln
Deportation: ab Köln
20.07.1942, Minsk

Bertha Goldschmidt, geb. 1897 und ihr Mann Emanuel Wolf, ihre Söhne Erich und Ludwig Wolf.
Alle gelten als verschollen

Albert Goldschmidt geb.1912

Goldschmidt, Albert
* 25.04.1912 in Brilon
wohnhaft in Brilon
Deportation:
1943, Polen

Johanna Mansberg, geb. 1874, verheiratet mit Israel Silbermann und ihren Söhnen Siegfried und Julius

Silbermann, Johanna
geb. Mansberg
* 13.04.1874 in Madfeld
wohnhaft in Osnabrück
Deportation: ab Münster-Bielefeld
31.07.1942 Theresienstadt
Todesdaten:
14.09.1942 Theresienstadt

Israel Silbermann, (Kaufmann)
geboren am 7.1.1875 in Lemförde
Todesdatum: 6.9.1943
Todesort: Theresienstadt

Siegfried Silbermann, (Ingenieur)
geboren am 23.7.1904 in Osnabrück
Todesdatum: unbekannt
Todesort: Theresienstadt

Julius (Daniel) Silbermann, (Kaufmann)
geboren am 13.11.1905 in Osnabrück
Todesdatum: 28. (29.) 11.1938
Todesort: KZ Buchenwald

Aus einer Email an mich von Herrn Clemens Gruber / Osnabrück. "Drei der von Osnabrück aus Deportierten wurden in Buchenwald ermordet.

Julius Silbermann aus Osnabrück, Siegfried Meyer aus Alfhausen und Simon aus Quakenbrück wurden von der Lager-SS erschlagen. 'Julius Grünberg hat selbst gesehen, wie Silbermann und Simon nachts aus der Baracke geholt wurden, draußen schrien und seitdem verschwunden sind. [...]'"

Am Donnerstag, den 26. Juni 2008, wurden für die Familie Silbermann in Osnabrück 4 Stolpersteine verlegt. Die Spender dieser Steine waren Clemens Gruber und Gerhard Hinkeldey. Verlegt wurden die Steine von Schülern des Berufsschulzentrums Westerberg in Osnabrück.

Emanuel Mansberg, geb. 1882

Mansberg, Emanuel

* 17.09.1882 in Münster i. W.
wohnhaft in Niedermarsberg
Todesdaten: 01.10.1940
Tötungsanstalt Brandenburg Euthanasie

Paul Mansberg, geb. 1908, und Frieda Kahlenberg, geb. 1906 und die Kinder Ursula, geb. 1938 und Zilla, geb. 1939

Paul wuchs in seinem Elternhaus auf und ging in Messinghausen zur Schule.

Er erlernte den Metzgerberuf und heiratete 1937 Frieda Kahlenberg.

Am 12. 11. 1938 wurde er in das KZ Sachsenhausen transportiert. Der Vater Aron setzte sich für seinen Sohn ein, indem er sich als hilfsbedürftig und zu alt bezeichnete, um sein Haus zu verkaufen. Paul kam 1939 aus Sachsenhausen zurück und so zog die Familie nach Brilon. Offiziell gemeldet am 27.4.1939 in Brilon.

In der Kirchenchronik von Messinghausen ist über die Fußballmannschaft Fortuna zu lesen, dass ihr Torwart ein Jude war. Dieser Torwart war Paul Mansberg.

Im März 1943 wird Paul Mansberg mit seiner Familie zunächst zur Kripo nach Dortmund gebracht und von dort aus nach Auschwitz deportiert und ermordet. Sie gelten als in Polen verschollen.

Mansberg, Paul
* 01.03.1908 in Messinghausen
wohnhaft in Brilon
Deportation:
1943, Polen

Mansberg, Frieda
geb. Kahlenberg
* 17.10.1906 in Brilon
wohnhaft in Brilon
Deportation:
1943, Polen

Sara Kahlenberg

Sara Kahlenberg, geb. 1873

Die Tochter Beate war die einzige Überlebende der Familie Kahlenberg. Zu ihrem Antrag auf Wiedergutmachung nimmt die Stadt Brilon am 1. April 1957 wie folgt Stellung:
Vorg.: Verfügung vom 28.2.1957-II/062-20 Nr.341
„......die Familie lebte in sehr dürftigen Verhältnissen. Den Judenstern musste Frau Kahlenberg ab Sept. 1941 tragen. Das Tragen des Judensterns ist nach draußen aber kaum in Erscheinung getreten, da sie wegen Krankheit nicht ausgehen konnte."

Kahlenberg, Sara
geb. Wortsmann

* 31.12.1873 in Reichmannsdorf
wohnhaft in Brilon
Deportation: ab Dortmund
19.05.1943 Theresienstadt
Todesdaten:
17.03.1944, Theresienstadt

 **Salo Kahlenberg, geb. 1903**

Kahlenberg, Salo
* 08.01.1903 in Brilon
wohnhaft in Brilon
Deportation:
1943 Auschwitz
Todesdaten:
11.06.1943

Albert Mansberg, geb. 1891
und seine Frau Dora Horn, geb. 1894, mit dem gemein-
samen Sohn Hermann, geb. 1924

Albert wurde mit seiner Familie in Richtung Osten deportiert.
Sie gelten als in Minsk verschollen.

Hermann Mansberg, geb. 1897

Hermann Mansberg wurde 1920 zum 2. Vorsitzender des
Sportvereins „20 Messinghausen" gewählt.

Hermann Mansberg war zunächst im Konzentrationslager
Sachsenhausen. 1938 wurde er entlassen. Er wurde zur
Zwangsarbeit herangezogen (die Namen der Firmen sind
mir bekannt). Hermann nahm die Gelegenheit zur Auswanderung nicht wahr, da er sich um seinen alten Vater
Aron kümmern wollte. Am 02.03.1943 wird er deportiert
und gilt als in Polen verschollen.

Mansberg, Hans Hermann
* 24.05.1897 in Messinghausen
wohnhaft in Brilon
Deportation:
1943, Polen

Aron Mansberg, geb. 1855

Aron Mansberg war beinamputiert und hatte so gar keine Chancen das Dritte. Reich zu überleben.

In der Reichskristallnacht am 9. November 1938 wurde sein Haus geplündert und das Mobiliar zerstört. Er selbst wollte sich im Ziegenstall verstecken wurde aber gefunden, getreten und geprügelt.

Er war zu diesem Zeitpunkt 83 Jahre alt!

Aron Mansberg lebte im jüdischen Altersheim in Bielefeld von 02.11. 1939 bis 1942.

Solche Einrichtungen dienten den Nationalsozialsten als Sammelstellen für die bevorstehenden Deportationen. Dies ahnte Aron Mansberg nicht, er wollte seinen Lebensabend in Ruhe verbringen.

Sein Haus gehörte ihm bis 1943, dann wurde es vom Deutschen Reich eingezogen. Zu diesem Zeitpunkt war Aron Mansberg schon in Theresienstadt.

Deportiert nach Theresienstadt am 29.07.1942.

Im Alter von 87 Jahren, am 27.08.1942, starb Aron Mansberg in Theresienstadt.

Julius Mansberg, geb. 1889, und seine Ehefrau Sarah geborene Moll, geb.1896, mit ihrer Tochter Ellen, geb. 1924

Im Gedenkbuch steht über das Schicksal der Familie Julius Mansberg, dass er von Wuppertal aus nach Minsk deportiert worden ist und dort verschollen sei. Die Spuren der Familie enden in Minsk.

Louis Jacob und seine Frau Sophie Goldschmidt

Sophie Goldschmidt war die Nichte meines Großvaters Hermann Goldschmidt.

Jacob, Louis
* 08.04.1896 in Freienohl
wohnhaft in Rhoden
Deportation:
1942, Ziel unbekannt

Jacob, Sophie
geb. Goldschmidt
* 18.10.1900 in Rhoden
wohnhaft in Rhoden
Deportation:
1942, Ziel unbekannt

Max und Paula Willon, zuletzt wohnhaft in Brilon

Auch wenn beide nicht zu meiner Familie gehörten, so möchte ich doch, dass sie mit in dieser Liste erscheinen, da meine Großmutter mit den Willons Kontakt hatte.

Willon, Max
* 15.06.1894 in Niederalme
wohnhaft in Brilon
Deportation: ab Dortmund
19.05.1943 Theresienstadt
29.09.1944, Auschwitz

Frau Willon ist verschollen.

Nachwort

Lange habe ich gezögert, dieses kleine Buch, welches im April 2008 on demand erschienen ist, zu erweitern und eventuelle Fehler zu korrigieren.. Zunächst wollte ich alles so belassen, wie es war. Dann jedoch habe mich entschieden, alle neuen Informationen einzufügen. Dabei tauchte immer wieder in mir die Frage auf, ob es vielleicht sinnvoll wäre, diesem Buch noch einige wenige Gedanken mehr hinzuzufügen, die nicht nur die rein auf meine Familie bezogene Auseinandersetzung mit der Shoa beinhaltet, sondern über die Einzelschicksale hinaus, das in der menschlichen Seele verborgene, kollektive Gedächtnis zum Inhalt haben. Das Gedächtnis an die Shoa, das von den Opfern und deren Nachkommen in unterschiedlichster Art und Weise gerade zum jetzigen Zeitpunkt aktiviert wird. Gut, es ist dann die „zigste „ Erinnerung, es wird dann eben zum hundertsten Mal präsent. Jedoch drängt die Zeit. Die letzten Überlebenden werden von dieser Erde gegangen sein, ja selbst deren Kinder, von denen ich eines der spät geborenen bin, geraten bereits zum Teil in ein Alter, in dem nicht allzu viel Zeit mehr verbleibt, ihr Wissen an die Nachfahren weiter zu geben. Es geht auch nicht nur um die Weitergabe des Wissens um die Schrecken der NS Zeit und die damit verbundene Verfolgung, sondern es geht auch um das „Nach-Außen-Bringen" der inneren Bilder. Zu wissen, es endlich erzählt zu haben.

Der Überlebenden Elie Wiesel schrieb: "Jene, die es nicht erlebt haben, werden nie wissen, wie es war; jene, die es wissen, werden es nie sagen; nicht wirklich, nicht alles......Auschwitz, das ist der Tod, der totale, absolute Tod des Menschen, aller Menschen, der Sprache und der Vorstellungskraft, der Zeit und des Geistes." und er schrieb weiter:

"Der Holocaust verneint alle Antworten. Er liegt außerhalb der Geschichte, wenn auch nicht jenseits von ihr. Er widersteht jedem Wissen sowie jeder Beschreibung. Er wird niemals verstanden werden, weder im konkreten noch im abstrakten Sinn."

Doch gerade weil es keine Erklärung für dieses furchtbare Geschehen gibt, werden wir nicht wissen, ob es sich nicht eines Tages wiederholen wird. Wir sind immer aufgefordert uns zu erinnern, wir sind immer aufgefordert die Warnung der Vergangenheit nicht zu verdrängen.

Die Weitergabe von jüdisch-kollektiver Geschichte ist unter den Juden nicht neu. Schon in der frühesten Kindheit wurden sie mit dem Schicksal ihrer Vorfahren vertraut gemacht. Aber nicht nur jene, die in der linearen Zeit anwesend waren, sondern auch alle, die noch kommen werden oder bereits schon gekommen sind und den Weg von dieser Erde verlassen haben. In diesem Kontinuum bleibt die Vergangenheit immer gegenwärtig und bestimmt die Gegenwart unbedingt mit. Hier ergibt sich eine qualvolle Verstrickung mit dem Tod, nicht mit den ermordeten Individuen, deren Namen verweht sind oder nur noch unleserlich auf alten Grabsteinen zu finden sind. Es ist eine Art Identifizierung durch Erinnerung an die leidvollen Geschehen.

So kann ich mich auch kaum mit den Worten Samuel Becketts „ Time passes. That is all" identifizieren, zu schwer würden sie mir über die Lippen kommen, zu sehr bin ich durch meine Erziehung geprägt, auch wenn mir die tiefere Bedeutung dieser Worte durchaus klar ist. Zu tief sind in mir alle Vergangenheiten verwurzelt, die mir aber auch nicht einmal einen verschwommenen Blick in die Zukunft gewähren wollen.

In meiner Generation sind es bereits viele Menschen, die sich mit ihrem Schicksal als Nachkommen von Überlebenden der Shoa auseinandergesetzt haben. Zornig und aufgebracht teilweise, da die Eltern in Schweigen verharrten und ihnen das Familienschicksal nicht mitgeteilt haben. Teilweise war da ein Verleugnen der jüdischen Identität, um weder daran erinnert noch jemals wieder Opfer zu werden. Darunter sind ebenfalls viele, die weiter ihren Enkeln gegenüber schweigen. Wieder geschieht hier die bewusste „Schonung" vor den Bildern des Grauens. Hatten sie selbst doch auch eine Ahnung von dem Geschehen, welches ihre Eltern ihnen gegenüber so konsequent verheimlicht haben. Hatten sie selbst doch auch die Fragen, die sie sich nicht getraut haben ihren Eltern zu stellen.

Erinnerung bedeutet vom Wortsinn her, Veranlassung eines Innewerdens...Inneres wird in das Bewusstsein gebracht. Ich halte inne, um mich zu erinnern. Ich werde mir einer Sache, eines Geschehens bewusst. Mir wird etwas bewusst, es wird belebt und beseelt, es tritt erneut an die Oberfläche. Es wird mit Gefühlen verbunden, die mich einmal durchflutet haben. Es tritt vor meine Augen, als sei es immer noch real.

Ich fürchte mich, in der Erinnerung an vergangenes Leid zu ertrinken. So oder ähnlich muss es den Überlebenden der Shoa gegangen sein, ehe sich sie entschlossen nichts zu erzählen oder nur Bruchstücke ihrer Erinnerungen an ihre Kinder und Enkel weiter zu geben. So oder ähnlich muss es den Überlebenden gegangen sein, die dennoch begonnen haben zu erzählen. Langsam, um sich nicht selbst zu verletzen. Hastig, um schnell den aufkommenden Gefühlen ausweichen zu können. Geschickt mit sich selbst, um zunächst nur „lustige" Episoden anzusprechen. Historisch eingebettet, um dem Ganzen das Individuelle zu nehmen und um Gefühle gar nicht erst aufkommen zu lassen. Mutig, alles Erlebte dem Hörer zu berichten.

Selbstverständlich ist es an der Zeit hier an dieser Stelle allen, die mich bei dieser jahrelangen Arbeit unterstützt haben, zu danken. Ich danke in erster Linie meiner geliebten Mutter, die oft auf mich verzichten musste, weil ich wieder einmal am Computer gesessen habe und mich mit den „Ahnen", so hat sie es immer genannt, beschäftigt habe. Oft hat sie mich gefragt: „Warum tust du das denn nur so intensiv?" Ich wusste keine rechte Antwort zu geben. Viele Fragen konnte sie mir beantworten und hat mir immer wieder dabei geholfen, mich wieder mit dem Sütterlin vertraut zu machen.

Ich danke meiner Tante Hilde, die mir all die wertvollen Briefe gegeben hat, weil sie wohl wusste, dass sie bei mir in guten Händen sind. Heute noch telefoniere ich mit ihr, um noch einige offen gebliebene Fragen zu klären. Wenn mir doch bloß die richtigen Fragen einfallen würden!

Das Fragenstellen ist ein Problem. Fragen tauchen oft erst dann auf, wenn der, der sie beantworten könnte, nicht mehr da ist.

Meiner Cousine Elfriede und der Familie in Amerika, die einen Stolperstein für unsere Tante Mathilde haben legen lassen, danke ich ebenfalls von ganzem Herzen.

Ich danke meinen beiden Töchtern, die mir Mut gemacht haben, an diesem „Buch" immer weiter zu schreiben.

Bei Fred möchte ich mich bedanken, dass ich überhaupt erst mit seiner Hilfe in der Lage war, meine Ahnen zu sortieren und in ein gutes Ahnenprogramm einzugeben. Er arbeitet viel, viel systematischer als ich.

Mein Dank gilt auch Frau Vollmer und Herrn Nürnberg, die mich bei meiner kleinen Rundreise und Recherche in Madfeld unterstützt und begleitet haben. Selbstverständlich möchte ich mich auch an dieser Stelle bei dem Bürgermeister Schrewe der Stadt Brilon bedanken, der diesen offiziellen Besuch ermöglicht hat und den Druck dieses Buches finanziell unterstützt hat. Herrn Jordan vom Gelsenzentrum möchte ich für seine sehr freundliche Unterstützung danken. Nun können auch Stolpersteine für meine Familienangehörigen in Gelsenkirchen gelegt werden.

Weiter gilt mein Dank Herrn Bell aus Kottenheim bei Mayen, der die Erinnerung an die Kottenheimer Familie Gottschalk pflegt und damit auch die erste Frau meines Vaters, Martha Gottschalk, würdigt.

Ich danke Herrn Gruber und Herrn Hinkeldey für die Stolpersteine, die der Familie Johanna und Israel Silbermann, nebst ihren Söhnen, in Osnabrück gewidmet sind.

Ich danke Herrn Piorr aus Herne, der die Geschichte der Juden in Herne aufgearbeitet hat und somit einen wesentlichen Beitrag zum „Nichtvergessen" liefert.

Ich danke auch all denen, die in der Vergangenheit und in der Gegenwart ihre Recherchen und Dokumentationen über die jüdische Bevölkerung im Deutschen Reich veröffentlicht haben, so dass ich auf ihr gesammeltes Material zurückgreifen konnte. Hier sei besonders die „Demokratische Initiative" in Brilon erwähnt, durch sie habe ich die nötigen Grundinformationen erhalten.

Ein besonderer Dank gilt der Familie Bickmann aus Madfeld, die mit meinem Vater persönlich bekannt war.

Frau Ursula Hesse aus Brilon sei ebenfalls gedankt. Sie hat in ihrem Buch einen Stammbaum der Familie Goldschmidt aus Madfeld erstellt und so einen wunderbaren Beitrag zu dieser Niederschrift geleistet.

Ich bedanke mich bei Herrn Fritz aus Hannover, der mir Informationen zu der Familie Panitsch gegeben hat, bei Herrn Runzheimer aus Gladenbach, der mir geholfen hat, ein Licht auf die Familie Auguste Stamm zu werfen und ich durch ihn „zufälliger Weise „ die Nachricht übermittelt bekam, dass meine Tante Dora (die Ehefrau meines Onkels Ernst Goldschmidt) noch in Seattle lebt. Den Kontakt mit ihrer Tochter Mary habe ich im Juli 2008 aufnehmen können. Herrn Grewe aus Syke möchte ich danken, der mir Fotos und Informationen zu meiner Tante Grete Goldschmidt (geborene Löwenstein) und ihren Eltern geschickt hat und bei Herrn Stolz aus Marsberg, der dabei ist, über die Familie Weitzenkorn zu recherchieren.

Mein Dank geht auch an Herrn Rudolf Koch/ Altenbeken, dem Stadtarchiv Essen, Herrn Gries/ Ochtendung, Frau Dagmar Gieseke/Stadtarchiv Bielefeld, Herrn Ulrich Brinkmann/ Archivar der Gemeinde Belm, Frau Angelika Phlippen / Bezirksregierung Düsseldorf-Dezernat 15- Wiedergutmachung, Herrn Haselhorst/Beckum, Familie Lichtenfels/ Argentinien, Hans und Inge Sussman / Ohio, Else Lippmann und Grete Pearce/ Australien.

Erika Esther Goldschmidt

Anhang

Essen, d. 30.1.46   Julie Böcker

Essen Stadtwald

Drosselstr. 51

Meine geliebte Hilde!

Deine lb. Zeilen haben wir erhalten.
Was habe ich mich gefreut endlich mal ein Lebenszeichen von Dir zu bekommen. So war doch mein Opfer nicht umsonst. Es war mein erstes als ich nach Hause kam. Hoffentlich lebt unsere Hilde noch dann will ich wieder ruhig werden. Du glaubst nicht lieb Hildeken was ich gelitten habe um Dich nur nicht zu verraten. Ich habe ja so viel Schläge von der Gestapo bekommen. Mein Leidensweg war hart. Ich habe 12 Monate hier im Gefängnis gesessen. Von hier kam ich ins Zuchthaus nach Cottbus von hier nach Auschwitz im K.Z. Dort war die Hölle los. Als ich in Auschwitz ankam bekam ich eine Nummer auf meinen linken Arm tätowiert dann bekam ich die Haare ganz abgeschnitten und K.Z. Kleidung an. Ich mußte sehr schwer arbeiten und zwar in der Weichsel den ganzen Tag im Wasser. Dort blieb ich 10 Monate. Von hier kam ich nach Sachsen in einer Munitionsfabrik mit S.S. Bewachung Von hier kam ich nach Theresienstadt wo ich unser Rosa traf. Sie war c. s. v. mit 7 Monate fort. Am 1ten Mai wurden wir von den Russen befreit. Wir konnten es garnicht fassen, daß wir wieder frei waren. Ich wog noch 70 Pfund. Lb. Hilde ich kann es dir garnicht schildern wie es in Auschwitz war. Wir mußten zusehen wie die Menschen verbrannt wurden. Die Knochen mußten wir zusammensuchen und weg fahren in einer Grube. Ich habe soviel Schreckliches gesehen das ich heute noch

keine Ruhe finde. In Essen bin ich die einzige Frau die von Auschwitz zurück gekommen ist. Lebten doch unsere Lieben noch. Sie konnten diese harte Strafe nicht aushalten. Ludwig, Else + Erich sind dort zu Grunde gegangen. Erich ist erschlagen worden. Ludwig soll erschossen sein. Von Else fehlt jede Spur. Alle anderen sind verschollen. Zilla schrieb noch nach Gustav Ende 1944 von Danzig. Stutthof liegt bei Danzig. Hier sind nicht viele raus gekommen. Betty war in Ravensbrück. Dort war es auch fürchterlich. Es fehlt jede Spur. Unsere Mama ist von Theresienstadt nach Auschwitz (Oktober 1944) gekommen. Dort wurden alle alten Leute sowie auch junge verbrannt. Ja liebe Hilde es ist zu schrecklich dies zu schreiben aber du wolltest es ja wissen. Wir haben außerdem durch Fliegerangriff alles verloren. Nichts haben wir mehr. Wir wollen auch nach Amerika und wenn Du drüben bist bitte sorge, daß wir hin kommen auch Arthur will fort. Arthur war heute hier und hat Deinen Brief gelesen. Er war so erschüttert. Gerne hätte er dir geschrieben aber er ist nicht fähig einige Zeilen zu schreiben. Ich soll Dich herzlich grüßen. Rosa, Richard werde ich Keine Zeilen einschicken. Dieser Brief geht wieder auf anderem Weg zu Dir. Kannst aber auch an der Name schreiben wie vordem. Es geht auch wenn Du durchs jüd. Komitee schreibst. Versuche es von beiden Seiten so wie ich. Komme doch mal. Was würden wir uns freuen.

3) du kannst für Rosa an uns schreiben. Vom roten
Kreuz hatten wir von Dir nichts bekommen. Rosa
hatte auch keine Post. Von Paula hatte ich auch Post.
Ich bin glücklich, daß ich mit Euch wieder in Verbindung
bin. Gustav war in Wirklichkeit krank es geht aber
jetzt wieder. Siegfried soll jetzt die Maschinenbauschule
besuchen. Seine Lehre hat er g.s.d. noch bei Krupp gemacht
auch seine Gesellenprüfung. Tante Wolf wird auch
wohl nicht mehr leben, denn wie ich gelesen habe
kamen die Juden von Amsterdam nach Auschwitz
Wo ist Frau Dorrestein? Grüße Sie vielmals von uns
Sie ist eine tapfere, gute Dame. Das glaube ich dir, daß
Deutschland für dich erledigt ist, für mich aber
auch. Wenn wir doch mal zusammen sprechen könnte
Ich möchte dir so viel erzählen was ich nicht schreiben
kann. Deine Adresse habe ich von Paula, Kurt + Thea
von denen ich direkt Post aus London bekam. Die Verhältnisse hier sind der Zeit entsprechend.(Miß) Betty ist noch nicht
zurück. Alle Hoffnung haben wir verloren. Michael + Ruth
sind in Bremen haben auch alles verloren. Rosa hat
g.s.d. alles behalten. Du lieb Hildeken hast ja auch sehr
viel mitgemacht. Aber ich bin froh, daß Du noch da bist.
Ein Foto hätte ich dir lieb Hildeken gerne geschickt aber
leider sind uns alle verbrannt und jetzt hat man nicht
die Gelegenheit. Vielleicht mal später. Siegfried hätte
auch geschrieben ist aber leider nicht da und der
Brief muß fort da ich grade die Gelegenheit habe.
Wir haben hier im Stadtwald eine nette Wohnung (4.)
3 Räume Wohnzimmer Schlafzimmer + Küche. Balkon
+ Badzimmer. Unser Name lautet G. Böker wegen Station
Drosselstraße 51. So meine liebe Schwester nun schreib

4/ uns gleich wieder. Nach Lina habe ich auch geschrieben ebenso auch an Ernst. Ich freue mich sehr, daß es den Lieben in Amerika gut geht. Lebe recht wohl und sei du liebe Hilde recht herzl. gegrüßt und geküßt von deiner Schw. Julchen. Auch von Gustav, Siegfried, Johanna aus Sagen viele Grüße. Johanna war auch fort und war in Berlin 7. Monate im Gestapo Keller. Auch furchtbar. Wenn du nach essen kommst es sieht etwas anders aus. Nochmals Gruß + Kuß deine

Julchen

Über das Schicksal der nach Jungfernhof
bei Riga verbrachten reichsdeutschen Juden.

I.

Riga wurde am 29.Juni 1941 von deutschen Truppen besetzt.
Damals lebten in Riga noch ca 29 500 Juden. Pogrome begannen
bald nach der Besetzung. Im September wurde in der Warschauer
Vorstadt von Riga das Ghetto für die Juden Rigas eingerichtet.
In verschiedenen Aktionen wurden die meisten der dort eingewiesenen Juden umgebracht. Die beiden letzten und grössten Aktionen
gegen die Rigaer Juden fanden am 30.November 1941 (sog."Blutiger
Sonntag") und am 8.12.1941 statt. Die Zahl der nach dem 8.12.41
am Leben gebliebenen lettischen Juden betrug etwa 4000; es handelte sich dabei nur noch um arbeitsfähige Menschen.

Kurz vor der Aktion vom 30.11.41 war das Rigaer Ghetto durch
einen Zaun in zwei Teile, das sog.grosse und das sog.kleine
Ghetto geteilt worden. Nach der Aktion vom 8.12.41 wurden die
lettischen Juden im kleinen Ghetto untergebracht. Das grosse
Ghetto war völlig frei gemacht worden für die Aufnahme von Juden-
transporten aus dem Reich.

II.

Laut Schnellbrief des Chefs der Ordnungspolizei vom 24.Oktober
1941 sollten in der Zeit vom 1.November bis 4.Dezember 1941 etwa
50 000 Juden aus dem Altreich, der Ostmark und dem Protektorat
Böhmen-Mähren nach dem Osten in die Gegend von Riga und Minsk in
Eisenbahntransporten mit je etwa 1000 Personen abgeschoben werden.
Die Ausführung dieses Plans verzögerte sich nach Zeit und Umfang,
weil u.a. die Aufnahmelager erst geschaffen werden mussten.

In der Zeit von Ende November 1941 bis Ende Januar 1942 kamen in
mindestens 18 (wahrscheinlich mehr) Transporten etwa 20 000
Juden aus dem Reich und dem Protektorat in Riga, Bahnhof
Schirotawa, an.
Soweit Transporte noch nicht oder nicht mehr unterzubringen
waren, wurden die Insassen gleich nach der Ankunft durch Erschießen umgebracht, nachdem zuvor eine kleine Anzahl (bis
höchstens 80 pro Transport) von jungen und kräftigen Männern

ausgewählt worden waren, die für Arbeitskommandos bestimmt waren.
Zu diesen Todestransporten gehörte auch der erste in Riga ein-
treffende Trandport aus Berlin, der ca 1000 Personen umfasste
und am 29.11.1941 in Riga eintraf; die Insassen wurden im Rahmen
der Aktion vom 30.11.1941 "liquidiert". Als weitere Todestrans-
porte dieser Art sind ermittelt:

    Transport aus Prag   Ankunft in Riga   13.Januar 1942;
    Transport aus Wien   "   "   19.Januar 1942.

Die Mehrzahl der Insassen der übrigen in Riga ankommenden
Transporte gelangten zum grossen Ghetto in Riga.
Für die Einrichtung, die Ausgestaltung und die Aktionen im
Ghetto Riga und seinen Aussenstellen (Jungfernhof, Salaspils etc)
war der Hauptverantwortliche der SS-Standartenführer Dr.Lange,
der zugleich Kommandeur der Sicherheitspolizei in Lettland war.

Ghettokommandant in Riga war damals der SS-Sturmführer Krause.
Das Ghetto bestand aus verschiedenen Bezirken, die nach den
Herkunftsorten der einzelnen Transporte genannt wurden; so
gab es z.B. einen hannoverschen, sächsischen, Bielefelder,
Kasseler, Berliner, Dortmunder Bezirk. Die Ordnung im Ghetto
wurde in der Hauptsache durch eine jüdische Lagerpolizei auf-
recht erhalten.

    Ins Ghetto Riga kamen Transporte aus

Köln	Ankunft in Riga 13.12.41
Kassel	13.12.41
Bielefeld (Münster, Osnabrück)	16.12.41
Düsseldorf	14.12.41
Hannover	21.12.41
Berlin	13.,19.,25. Jan.1942
Dortmund (Westfalen)	28. 1.42
Dresden	25. 1.42

Nach den Januar-Transporten wurden die Transporte von Reichsjuden nach dem Osten anscheinend erst wieder im August bis
Oktober 1942 aufgenommen. Berichtet wird von (drei) Transporten
mit Juden aus Berlin, Frankfurt/M., Königsberg, die in der Zeit
von anfangs September 1942 bis 1.Oktober 1942 in Riga ankamen.
Die Insassen wurden, wie Überlebende berichten, von wenigen
kräftigen, arbeitsfähigen Männern (3 bis 80 je Transport) abgesehen, unmittelbar nach der Ankunft "liquidiert".

Om ödet för de rikstyska judar som förpassades till Jungfernhof vid Riga
Neustadt, 13 September 1963 (Sid B av A. B. C. D. E)

III.

Jungfernhof

Jungfernhof war ein landwirtschaftliches Gut mit ca 2oo ha,
dessen Eigentümerin die Stadt Riga gewesen war. Es lag ca 5 km
vom Stadtzentrum Riga entfernt. Es war im August 1941 ziemlich
verwahrlost. Ein Teil,des Geländes war als Flugplatz angelegt
worden. Die Deutschen wollten es zu einem landwirtschaftlichen
Musterbetrieb umgestalten. Der Flugplatz sollte wieder zu land-
wirtschaftlich genütztem Gelände umgewandelt werden. Die Bau-
lichkeiten bestanden aus 3 Scheunen, 5 kl.Häusern und Stallungen.

Zur Bewirtschaftung des Guts wurde als Berufslandwirt der
Unterscharführer der Waffen-SS Rudolf S e c k, geb. 15.7.19o8,
bestimmt, der zu diesem Zweck zum Kommandeur der Sicherheitspolizei nach Riga versetzt worden war. Dort traf er im August 1941
ein und übernahm die Bewirtschaftung von Jungfernhof.
Als anfangs Dezember Judentransporte aus dem Reich eintrafen,
die im Ghetto Riga nicht untergrbracht werden konnten, verfügt
Dr.Lange, dass Jungfernhof einige Transporte aufnehmen müsse.
Es kamen nach Jungfernhof etwa 4 - 5ooo Juden, darunter eine
grosse Zahl von Alten und Kranken.
Sie gehörten zu folgenden Transporten:

```
Transport aus Nürnberg, Würzburg; Ankunft 3.12.41, ca 1ooo P.
    "      "  Stuttgart         "      4.12.41; ca 1o5o P.
    "      "  Hamburg (Lübeck)   "      9.12.41
    "      "  Wien I/II          "      2. 1.42
```

Diese Transporte kamen jeweils geschlossen nach Jungfernhof (JH)
abgesehen von folgender Einschränkung:

Gleich bei oder bald nach der Ankunft dieser Transporte im
Bhf Schirotawa bzw. Jungfernhof wurden kräftige, voll arbeitsfähige Männer ausgelesen und nach Salaspils (etwa 16 km von Riga
entfernt) verbracht. Die Gesamtzahl der von den Jungfernhof-
Transporten nach Salaspils abgestellten Männer betrug etwa
insgesamt 6oo Personen. Insgesamt kamen nach Salaspils einige
Tausend Juden.
In Jungfernhof wurden im Januar oder Februar 1942 etwa 2oo
jüngere, jedenfalls aber voll arbeitsfähige Personen, vorwiegend

Om ödet för de rikstyska judar som förpassades till Jungfernhof vid Riga
Neustadt, 13 September 1963 (Skl C av A. B, C. D. E)

- 4 -

Frauen und Mädchen, ausgewählt und zum Arbeitseinsatz ins Ghetto
Riga überstellt.
Die Unterbringungs- und Lebensverhältnisse waren in JH. anfangs äusserst schlecht. Die Kälte war gross. Die Zahl der Todes-
fälle war demgemäss hoch. Sie betrug zeitweise bis zu 80 Personen
pro Woche. Die Toten konnten wegen des gefrorenen Bodens längere
Zeit nicht beerdigt werden, bis man schliesslich ein Loch
sprengte und die mehreren hundert Toten darin begrub.

Organisation

Kommandant war   Rudolf S e c k.

Lagerpolizei: Anfangs gab es eine kl.lettische Bewachungs-
                    mannschaft. Sie wurde bald (Januar 1942) ersetzt
                    durch eine
                    jüdische Lagerpolizei, bestehend aus etwa 2o-3o
                                          jüd.Lagerinsassen. Der
                                          Chef hieß Jupp L e v y.

Lagerverwaltung: Die innere Verwaltung wurde vom Lagerältesten
                    (K l e e m a n n) mit ca. 8 Mitarbeitern besorgt.
                    Es wurde eine Kartothek der Lagerinsassen an-
                    gelegt. Der Lagerälteste Kleemann und alle seine
                    Mitarbeiter wurden in die Aktion vom 26.3.42
                    einbezogen.

Lagerordnung: Sie war sehr streng; auf kleinere Vergehen, wie
                    Diebstahl, Tauschhandel, unerlaubte Entfernung
                    aus dem Lager, stand Todesstrafe. Verstösse waren
                    an Seck zu melden. In Fällen, auf denen Todes-
                    strafe stand, hatte Seck weiterzumelden an
                    Dr.Lange nach Riga. Gelegentlich sah er von der
                    Weitermeldung (die in aller Regel mit dem Tod
                    des Gemeldeten geendet hätte) ab; statt dessen
                    erhielt der Betroffene von Seck Prügelstrafe.
                    In einzelnen Fällen hat Seck Lagerinsassen er-
                    schossen; er wurde wegen Mordes in 8 Fällen in
                    jedem Fall zu lebenslangen Zuchthaus verurteilt
                    (Urteil des Schwurgerichts Hamburg vom 29.Dez.
                    1951).

Lazarett: Es gab in JH. ein Krankenrevier, in dem etwa 1o
                    jüd.Ärzte mit Pflegepersonal tätig waren.
                    Medikamente, soweit sie mitgebracht worden
                    waren, standen zur Verfügung.

Den entscheidenden Abschnitt Einschnitt bildete für die Insassen
von JH. die Aktion vom 26.März 1942, die sog."Aktion Dünamünder
Konservenfabrik".
Seck hatte bei Dr.Lange wiederholt auf die Überbelegung von
JH. hingewiesen und betont, dass ihm dadurch seine eigentliche
Aufgabe, JH. zu einer Musterwirtschaft zu machen, unmöglich

Om ödet för de rikstyska judar som förpassades till Jungfernhof vid Riga
Neustadt, 13 September 1963 (Sid D av A, B, C, D, E)

- 5 -

gemacht sei. Dr. Lange beauftragte ihn im Februar 1942, soviel
Leute auszuwählen, als er für den landwirtschaftlichen Betrieb
benötige. Die anderen sollten von JH. weggebracht werden.

Seck beauftragte den Lagerältesten, die Wegzubringenden listen-
mässig zu erfassen. Er selbst wählte sich in laufenden Musterungen
insgesamt 440 Personen für JH. aus. Er wählte dabei nur gesunde,
kräftige Personen, die entweder fachlich geeignet für die Landwirtschaft waren oder als Handwerker bzw. Fachkräfte (Näherin-
nen, Küchenpersonal) in JH benötigt wurden.

Für die Wegzubringenden galten folgende Richtlinien:
Abzutransportieren waren
   1) Alle Alten und Kranken;
   2) alle Kinder unter 13-14 Jahren, einschliesslich deren
      Mütter;
   3) alle Personen über 46 - 5o Jahren, abgesehen von einigen
      namentlich benannten voll arbeitsfähigen Personen.
Dementsprechend wurde verfahren. Die Zahl der zum Abtransport
Bestimmten belief sich auf ca. 3 ooo Personen. Ihnen war gesagt
worden, sie würden bei besseren Lebens- und Unterbringungsbedin-
gungen nach Dünamünde verbracht und hätten dort leichte Arbeit
in Konservenfabriken zu leisten.
Am 26.3.1942 wurden die Insassen von JH. in 2 Gruppen einge-
teilt. Noch an diesem Tag wurden einige der ursprünglich zum
Bleiben ausgewählten Juden der grossen Gruppe zugeteilt. Die
endgültig zum Bleiben Bestimmten wurden eingesperrt und zwar die
Männer in der sog.Baracke 5 (Gr.Kornspeicher) und die Frauen in
der sog.Nähstube.
Die zum Abtransport Bestimmten wurden von Autobussen und
LKw's abgeholt. Alle Gepäck hatte zurückzubleiben. Es ent-
wickelte sich ein Pendelverkehr, bis alle zum Abtransport Be-
stimmten weggebracht waren. Die Autobusse kamen jeweils nach
etwa 15 bis 2o Minuten zurück.
Die Abtransportierten wurden z m Bickernicker Hochwald bei
Riga gebracht. Dort waren, z.T. von Arbeitskommandos des Ghetto
Riga, grosse Gruben ausgehoben worden. In diese wurden die
Opfer gebracht und dort alle mit MG erschossen. Kein einziger
der damals von Jungfernhof Weggebrachten ist je wieder gesehen
worden.
Om ödet för de rikstyska judar som förpassades till Jungfernhof vid Riga
Neustadt, 13 September 1963 (Sid E av A, B, C, D, E, F)

Doppel

Botschaft der
Bundesrepublik Deutschland
Stockholm

<u>RK V 4 - 10037</u>   Stockholm, den 19. September 1964

<u>Gegenwärtig</u>:
Legationsrat I. Klasse Siegfried Persch,
Leiter des Rechts- und Konsularreferates der Botschaft,
ermächtigt gem. §§ 16, 20 Konsulargesetz,

Frau Jutta Matull
als Protokollführerin, und

Herr Berthold K o h n als Zeuge.

In dem Ermittlungsverfahren der Staatsanwaltschaft Hamburg
141 Js 534/60 gegen

Maywald und andere

wegen der Massenmorde an jüdischen Bürgern in Riga/Lettland
während der Jahre 1941 bis 1944

erscheint als Zeuge Herr Berthold K o h n, geboren am
13. Juli 1912 in Hamburg, verheiratet, von Beruf Handels-
agent, wohnhaft in Stockholm-Bandhagen, Stålbogavägen 41,
schwedischer Staatsangehöriger, ausgewiesen durch den
schwedischen Führerschein Lit.A Nr. 137091, ausgestellt am
12.8.1953 vom Oberstatthalteramt.

Die Genehmigung der Königlich Schwedischen Regierung zur
Vernehmung des Zeugen durch die Botschaft wurde mit Verbal-
note vom 19. August 1964 erteilt. Der Zeuge erklärte, daß
er mit seiner Vernehmung durch die Deutsche Botschaft in
Stockholm einverstanden sei.

Sodann wurde der Zeuge mit dem Gegenstand der Untersuchung
bekanntgemacht und gemäß § 57 StPO zur Wahrheit ermahnt.
Er wurde ferner über ein mögliches Zeugnisverweigerungs-
recht belehrt.

Er erklärte:
"Ich bin am 9. Dezember 1941 mit einem sogenannten Juden-

Vittnesmål av Bertold Kohn mot Maywald m.fl.
Stockholm 19 September 1964 (Sid A av A, B, C, D, E, F)

                                                    - 2 -

133

transport, der unter der Leitung des damaligen Ober-Rabbiner
Dr. Karlebach aus Hamburg stand, auf dem Bahnhof Skirotawa
(Schirotawa) angekommen. Bei unserer Ankunft wurden wir von
dem SS-Major Dr. Lange und seinem Adjutanten Maywald empfangen. Diese organisierten unsere weitere Verwendung. Gleich
bei der Ankunft war ich Augenzeuge von der Erschießung eines
jüdischen Glaubensgenossen, als dieser auf der verkehrten
Seite des Transportzuges ausstieg. Es war der aus Lübeck
mitgekommene Bruder des Dr. Karlebach, des Leiters des Transports. Dieser Mann wurde durch Genickschuß getötet. Wer der
Täter war und wer den Befehl hierzu gegeben hat, vermag ich
nicht zu sagen. Ich bin jedoch der Ansicht, daß der Befehl
von dem Dr. Lange und seinem Adjutanten gekommen sein muß,
weil diese die Oberaufsicht über unseren Empfang hatten und
nach meinen Beobachtungen alle Maßnahmen unseres Empfanges
und des Weitertransports ausschließlich auf Befehl dieser
beiden Personen erfolgte.

Ich bin auch Zeuge eines weiteren Mordes bei der gleichen
Gelegenheit gewesen. Ich sah, wie einer der Mithäftlinge,
als er wegen der brutalen Behandlung wie ein normaler Mensch
zu protestieren versuchte, von einem mir nicht bekannten
SS-Mann einfach mit der Pistole niedergeschossen wurde. Den
Täter vermag ich leider nicht anzugeben. Der Befehl muß von
Maywald-Lange ausgegangen sein.
Der größte Teil der männlichen Teilnehmer des Transports
mußte den Zug entladen, während Frauen und Kinder und Alte
unter Drohungen und Schlägen in das Lager getrieben wurden.
Ich selbst war dabei, den Zug auszuladen, und da einem SS-Mann
meine Art zu arbeiten nicht gefiel, wurde ich deshalb mit
Stockschlägen geprügelt. Nach dem Ausladen des Zuges, gegen
Abend, sind auch die Männer in das Lager getrieben worden.

Etwa im Februar 1942 war ich Augenzeuge, als ein aus Wien
stammender Häftling im Alter von ca. 16 bis 20 Jahren sich
außerhalb des Lagers begeben hatte, ich vermute, daß er -
wie so manche andere - sich zusätzlich Lebensmittel beschaffe

Vittnesmål av Bertold Kohn mot Maywald m.fl.
Stockholm 19 September 1964 (Sid B av A, B, C, D, E, F)

- 3 -

wollte. Bei dieser Gelegenheit xxxäxxxx festgenommen und
an einem der nächsten Tage bei einem Lagerappell vor die
Häftlinge gestellt und von Dr. Lange und dem Angeschuldigten
Maywald sowie einigen anderen SS-Offizieren aufgefordert, wurde,
vor versammelter Mannschaft in eine bestimmte Richtung zu
gehen. Der junge Mann folgte diesem Befehl und wurde dabei
von rückwärts erschossen. Den tödlichen Schuß muß nach meiner Wahrnehmung entweder Lange oder Maywald abgegeben haben,
da die anderen Mitglieder der SS-Gruppe sich in einigem Abstand von diesen beiden befanden. Der junge Mann war nach
diesem Schuß noch nicht tot, sondern erhielt zwei Gnadenschüsse von einem mir nicht identifizierten SS-Mann.

Ich möchte einen weiteren von mir beobachteten Fall eines
Mordes schildern, an dem Maywald beteiligt war. Lange und
Maywald stellten bei einer Inspektion fest, daß die Ehefrau
des Mithäftlings Löwenthal, der als Chef der Kleiderkammer
tätig war, sich in Umständen befand. Unter dem Vorgeben,
Frau Löwenthal solle in einer Rigaer Klinik entbunden werden, wurde Frau Löwenthal abtransportiert und wurde nie mehr
gesehen. Diesen Vorgang habe ich mit eigenen Augen gesehen.
Er ist deshalb besonders stark in meiner Erinnerung haften
geblieben, weil Löwenthal und seine Frau mit mir sehr gut
befreundet waren. Einige Wochen später war die bekannte Dünamünder Aktion, wobei - abgesehen von einer Anzahl von arbeitsfähigen Männern und Frauen, die von SS-Oberscharführer
Seck ausgewählt wurden - alle Insassen des Lagers Jungfernhof, wie vorgegeben wurde, zu einer "leichten Arbeit" in
die Dünamünder Konservenfabrik verbracht wurden. Diese Menschen wurden alle im Bickernicker Wald erschossen xxxkxxxxxx,
und ihre Kleider sind später ins Ghetto gekommen. Bei dieser
Gelegenheit mußte auch der Löwenthal mit dem Transport gehen. Da er als guter Arbeiter beim SS-Oberscharführer Seck
gut angeschrieben war, versuchte er, im Jungfernhof zu
bleiben. Seck aber sagte zu ihm, daß er einen speziellen
Befehl von Maywald bekommen habe, daß er (Löwenthal) dem
für Dünamünde bestimmten Transport mitfolgen müsse. Ich war

Vittnesmål av Bertold Kohn mot Maywald m.fl.
Stockholm 19 September 1964 (Sid C av A, B, C, D, E, F)

- 4 -

135

Zeuge dieses Gespräches. Ich habe Löwenthal nie mehr gesehen und nehme an, daß er, wie alle anderen des Dünamünder
Transports, im Bickernicker Hochwald umgebracht wurde.

Weitere Straftaten, die Maywald unmittelbar und selbst aus-
geführt hat, habe ich nicht gesehen. Er war aber der
spiritus rector oder besser gesagt, der leitende Kopf der
sogenannten Dünamünder Aktion. Ich schließe das daraus, daß
Maywald bei dieser Aktion überall, wo ein Befehl zu geben
war, diesen Befehl gegeben hat. Er war sehr aktiv und ist
überall aufgetaucht. Jedes Mal, wenn wir ihn gesehen haben,
gerieten wir in Furcht und Schrecken.

Der technische und organisatorische Ablauf der Aktion voll-
zog sich nach meinen Wahrnehmungen wie folgt:
Am Morgen der Aktion wurden die von Seck ausgewählten Personen, die im Jungfernhof zurückbleiben sollten, in Männern
und Frauen getrennt und in speziellen Baracken untergebracht.
Sie durften die Baracken erst wieder verlassen, als die
ganze Aktion beendet war. Die für Dünamünde bestimmten Häftlinge mußten sich aufstellen und wurden von Autobussen, die
in Abständen von 15 bis 20 Minuten ins Lager zurückkamen,
vom Lager wegtransportiert. Das vorbereitete Handgepäck der
Häftlinge mußte im Lager zurückgelassen werden. Solche Einzelheiten konnten wir aus Fenster und Ritzen in den Baracken-
wänden beobachten. Nach der Aktion Dünamünder Konservenfabrik habe ich gesehen, wie ein Mithäftling unter dem Komman-
do von SS-Oberscharführer Seck vor den versammelten Lager-
insassen von der Lagerpolizei - sie bestand aus Mithäftlin-
gen - aufgehängt wurde, weil er das Lager ohne Erlaubnis
verlassen hatte. Dieser Aktion ging weder ein Gerichtsver-
fahren voraus, noch wurde ein Urteil oder etwas Ähnliches
verlesen.

Im November 1943, kurz vor der Auflösung des Rigaer Ghettos,
befand ich mich als Patient im Ghetto-Krankenrevier - ein
SS-Mann hatte mir im KZ Kaiserwald den Unterkiefer zerschla-

Vittnesmål av Bertold Kohn mot Maywald m.fl.
Stockholm 19 September 1964 (Sid D av A, B, C, D, E, F)

- 5 -

gen. Dabei bemerkte ich, daß einige Kranke plötzlich entlassen wurden. Die übrigen durften das Revier nicht mehr
verlassen und wurden abtransportiert. Ich hatte gerüchtweise
von dem geplanten Abtransport erfahren und mich deshalb auf
dem Dachboden versteckt, so daß die Aktion mich nicht erreichen konnte. Dieser Umstand hat mir damals das Leben gerettet. Es handelte sich hier um die letzte große Aktion vor
der Auflösung des Ghettos.

Danach kam ich mit anderen Häftlingen zum Arbeitseinsatz zum
ABA (Armee-Bekleidungsamt). Dort war ein dem KZ Kaiserwald
unterstelltes Lager eingerichtet. Der Kommandant war ein
gewisser Müller, ich glaube, es war ein Leutnant von der
Wehrmacht. Bei der ABA arbeiteten wir unter den gleichen
Voraussetzungen wie im KZ Kaiserwald. Im Laufe des Jahres
1944, als sich die Auflösung des Lagers näherte, wurden die
noch vorhandenen Kinder bis zu 10 Jahren heraussortiert und
mit dem Lastwagen weggebracht. Später erfuhren wir gerüchtweise, daß diese Kinder erschossen worden seien. Ich selbst
habe einen Lastwagen mit ca. 20 Kindern gesehen. Dabei waren
Kinder von guten Freunden von mir. Die Kinder wurden den
Müttern buchstäblich aus den Armen gerissen, und die SS-Leu-
te, welche den Kindertransport zusammenstellten, waren gegen
über den Müttern von einer unerhörten Brutalität. Sie sagten
u. a. zu den Müttern: "Jetzt werden wir Eure Kinder erschies-
sen und dann kommt Ihr dran!"

Etwa um die gleiche Zeit habe ich beobachten können, wie
eine sogenannte "Selektion" unter Leitung eines SS-Arztes
- der Name ist mir entfallen - durchgeführt wurde, d. h.
es wurden die gebrechlichen Häftlinge von den noch gesunden
ausgeschieden und auf einem Lastwagen abtransportiert. Ich
habe einen solchen Transport von ca. 60 Häftlingen gesehen.
Ich selbst war für einen solchen Transport ausersehen, weil
ich ein Ekzem an der Hand hatte. Nur die Fürsprache des
Kommandanten, der mich wegen meiner handwerklichen Geschick-
lichkeit benötigte, rettete mich vor einer solchen Aktion.

Wenn mir die im letzten Absatz des Ersuchens des Leitenden

Villnesmål av Bertold Kohn mot Maywald m.fl.
Stockholm 19 September 1964 (Sid E av A, B, C, D, E, F)

Oberstaatsanwalts bei dem Landgericht Hamburg bezeichneten
Namen verlesen werden, so erklärte ich, daß ich mich außer
an den Beschuldigten Maywald nur noch an die Namen Tuchel
und Nickel erinnere. Diese hatten meiner Erinnerung nach
untergeordnete SS-Funktionen. Tuchel war berüchtigt. Ich
selbst kann aber heute keine konkreten Angaben über straf-
bare Handlungen mehr machen. Ich möchte zum Schluß noch
hinzufügen, daß es in Stockholm einen weiteren Zeugen gibt,
der mit mir im Lager Jungfernhof zusammen war und sicherlich
zur Aufklärung der Verbrechen beitragen kann. Wie ich aus
dem Telefonbuch entnehme, lautet seine Anschrift wie folgt:

          Leonhard Zimmak
          Västerled 35, Bromma
          - Tel. 252007 -."

Das Protokoll wurde dem Erschienenen vorgelesen, von ihm
genehmigt und wie folgt eigenhändig unterschrieben:

          ...gez..Berthold Kohn.
          (Berthold Kohn)

          ...Gez..Jutta Matull..
          (Jutta Matull)
          Protokollführerin

          Geschlossen: ...gez..Siegfried Persch
                                (Siegfried Persch)
                                Legationsrat I.Kl.

Beurk.Reg.Nr.:
Gebühren:Tarif Nr.18aAGG: DM 20,--
          Pauschale
          (§8(2)AGG):   DM 2,--
                             DM 22,--

Für die   Ausfertigung:
Reg.Nr.:
Gebühren:Tarif Nr.1 AGG: DM 3,00
       " " 5c AGG: DM 4,00
                    DM 7,00

Vittnesmål av Bertold Kohn mot Maywald m.fl.
Stockholm 19 September 1964 (Sid F av A, B, C, D, E, F)

Rotes Kreuz
2 1943

WAR ORGANISATION OF THE BRITISH RED CROSS
AND ORDER OF ST. JOHN

To :

Comité International
de la Croix Rouge
Genève

Expéditeur · SENDER · Absender

PASSED
P 76

Name · Nom: **Goldschmidt**

Christian name · Vorname: **Kurt**

Address · Adresse: RED CROSS MESSAGE BUREAU
15
CITIZENS ADVICE BUREAU,
365 CAMDEN ROAD,
N.7.

brother-in-law

MESSAGE · Mitteilung

(Not more than 25 words) (25 mots au maximum) (Nicht über 25 Worte)

Hoffen alle gesund. Gratulieren Ludwig Ilse. Sind

gluecklich, haben eigenes Haus. Hoert Ihr von

Mutter, Geschwister oder Hilde? An Euch denkend, K

Kurt, Thea, Tante Paula

Date · Datum **25. 2. 43.**

Destinataire · ADDRESSEE · Empfänger

Name · Nom: **Boecher**

Christian name · Vorname · Prénom: **Gustav**

Address · Adresse: **Essen**

Rellinghauser Strasse 36

GERMANY

Reply overleaf (not more than 25 words)
Réponse au verso (25 mots au maximum)
Antwort umseitig (nicht über 25 Worte)

19 MARS 1943

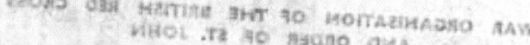

WIR SIND GESUND. MUTTER NACH THERESIENSTADT, TILIA-
ARTUR-FRITZ-SIEGFRIED OSTEN UMGESIEDELT. BIN SEIT
SONNTAG VERHEIRATET. GRATULIEREN ZUR VERMAEHLUNG.
HERZLICHE GRUESSE

LUDWIG-JLSE, ELSE-ERICH.

MADFELD, DEN 11. DEZEMBER 1942

Liebe Mama!
Hoffe Dich gesund
Bin verlobt. Heirate ersten
November. Habe liebe Frau
Grüsse, Ihre erreichbaren
Angehörigen Rollingi
Herzliche ...
...

Die Suche nach einigen Menschen blieb vergeblich. Als diese Telegramme oder Suchanzeigen abgeschickt wurden, waren alle Gesuchten bereits deportiert!

From :

WAR ORGANISATION OF THE BRITISH RED CROSS
AND ORDER OF ST. JOHN

To :
Comité International de la Croix Rouge ~~Deutsches Rotes Kreuz~~   Foreign Relations
Genève   Department.

−5. AUG. 1942

ENQUIRER
Fragesteller

Name   HERMANN

Christian name   PAULA
Vorname
Address

Relationship of Enquirer to Addressee .... AUNT
Wie ist Fragesteller zum Empfänger verwandt ?

The Enquirer desires news of the Addressee and asks that the following
message should be transmitted to him.
Der Fragesteller verlangt Auskunft über den Empfänger.   Bitte um Weiter-
beförderung dieser Meldung.

WIE GEHTS ALLEN. TILDE JULIUS.HILDE
JOHANNA. JUNGENS ROSA GUTE NACHRICHTEN.KURT
WIEDER HIER ARBEITET LANDWIRTSCHAFT VERLOBUNG
MIT TÜCHTIGEM CHARAKTERVOLLEM MÄDEL AUGUST.
ALLE GESUND.GRÜSSEN.PAULA KURT.

PASSED

P.154

                              Date .... 19th JUNE 1942.

                              ADDRESSEE
                              Empfänger

Name   FRAU HERMANN GOLDSCHMIDT.

Christian name
Vorname
Address   HADFELD. KREIS BRILON
                              SAUERLAND.
                              GERMANY.

The Addressee's reply to be written overleaf.   (Not more than 25 words).
Empfänger schreibe Antwort auf Rückseite.   (Höchstzahl 25 worte).

141

WAR ORGANISATION OF THE BRITISH RED CROSS
AND ORDER OF ST. JOHN

To :

Comité International
de la Croix Rouge
Genève

Foreign Relations
Department

15. DEZ. 1942

ENQUIRER
Fragesteller

Name GOLDSCHMIDT

Christian name KURT
Vorname

Address RED CROSS MESSAGE BUREAU
15
CITIZEN'S ADVICE BUREAU,
365 CAMDEN ROAD,
N7

Relationship of Enquirer to Addressee   SON
Wie ist Fragesteller mit Empfänger verwandt ?

The Enquirer desires news of the Addressee and asks that the following
message should be transmitted to him.
Der Fragesteller verlangt Auskunft über den Empfänger. Bitte um Weiter-
beförderung dieser Meldung.

LIEBE MAMA, HOFFE DICH GESUND, BIN
VERLOBT, HEIRATE ERSTEN NOVEMBER. HABE
LIEBE FRAU GRÜSSE, KÜSSE ERREICHBAREN
ANGEHÖRIGEN. BALDIGES WIEDERSEHEN,
DICH LIEBEND DEIN. KURT, THEA, TANTE PAULA

Date 19. 10. 42.

ADDRESSEE
Empfänger

Name GOLDSCHMIDT

Christian name FANNY
Vorname

Address MADFELD,
KREIS BRILON
WESTFALEN. GERMANY.

PASSED

The Addressee's reply to be written overleaf. (Not more than 25 words).
Empfänger schreibe Antwort auf Rückseite. (Höchstzahl 25 worte).

10 NOV. 1942

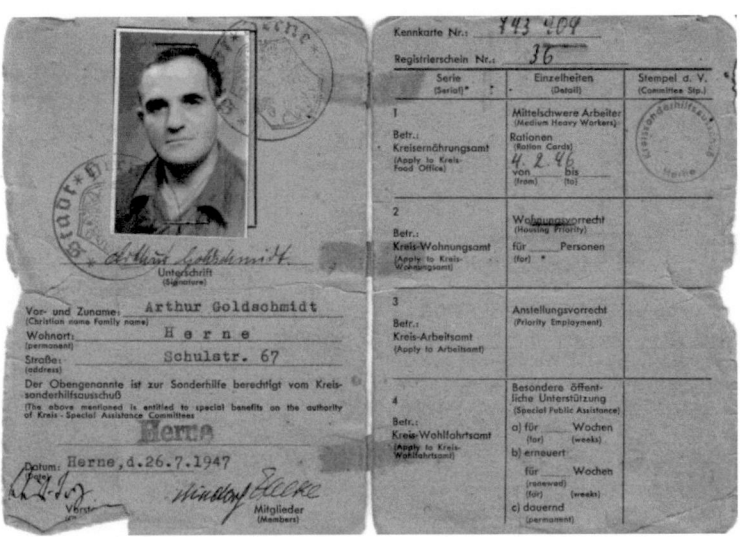

Kennkarte Nr.: 743 704

Registrierschein Nr.: 36

Arthur Goldschmidt
Unterschrift
(Signature)

Vor- und Zuname: **Arthur Goldschmidt**
(Christian name family name)

Wohnort: **Herne**
(permanent)

Straße: **Schulstr. 67**
(address)

Der Obengenannte ist zur Sonderhilfe berechtigt vom Kreis-sonderhilfsausschuß
(The above mentioned is entitled to special benefits on the authority of Kreis - Special Assistance Committee)

Herne

Datum: Herne, d. 26.7.1947

Vors...
Vorst...

Mitglieder
(Members)

Serie (Serial) *	Einzelheiten (Detail)	Stempel d. V. (Committee Stp.)
1 Betr.: Kreisernährungsamt (Apply to Kreis-Food Office)	Mittelschwere Arbeiter (Medium Heavy Workers) Rationen (Ration Cards) 4.2.46 von (from) bis (to)	
2 Betr.-Wohnungsamt Kreis-Wohnungsamt (Apply to Kreis-Wohnungsamt)	Wohnungsvorrecht (Housing Priority) für _____ Personen (for) *	
3 Betr.: Kreis-Arbeitsamt (Apply to Arbeitsamt)	Anstellungsvorrecht (Priority Employment)	
4 Betr.: Kreis-Wohlfahrtsamt (Apply to Kreis-Wohlfahrtsamt)	Besondere öffentliche Unterstützung (Special Public Assistance) a) für _____ Wochen (for) (weeks) b) erneuert für _____ Wochen (renewal) (for) (weeks) c) dauernd (permanent)	

143

Vergangenheit mittragen.

Sich aufbürden

ist Last.

Vergangenheit abzulegen

ist Illusion.

Bewältigung ist unmöglich.

Nichts ist greifbar,

nichts ist tragbar,

nichts ist ablegbar,

es ist unmöglich.

Nicht einmal verwandeln ist möglich.

Nur die Gegenwart birgt in einem Atemzug

die Möglichkeit der Wandlung.

Mit dem Ausatmen schon wieder

Vergangenheit.

Hier an dieser Stelle soll dann doch noch eine Liste <u>aller</u> Menschen erscheinen, die zu meiner Familie gehörten oder in einem engen verwandtschaftlichen Zusammenhang mit meiner Familie gestanden haben und die ermordet worden sind. Zuerst wollte ich " Opfer des Holocaust" sagen. Doch sind diese drei Worte schon sehr oft benutzt worden und verhindern fast das Erfassen ihrer realen Bedeutung. Reicht es aus, wenn ich von ermordet spreche? Reicht es aus, wenn ich die Namen der Ermordeten aufliste? Ich betone es noch einmal.

DIESE MENSCHEN MEINER FAMILIE SIND ERMORDET WORDEN.

Auschwitz

Hertha Rosenthal	1942
Selma Rosenthal	1942
Marta Silberberg	1942
Otto Frank	1942
Martha Gottschalk	23.01.1943
Heinz 'Heinzchen' Goldschmidt	23.01.1943

Else Goldschmidt	27.07.1942
Ilse Meyerhoff	05.08.1942
Walter Elsbach	25.09.1942
Siegfried Silbermann	1943
Ernst Simon Eckmann	1943
Heinz Eckmann	1943
Hilde Eichengrün	1943
Max Heilbronn	29.01.1943
Zilla Mansberg	02.03.1943
Frieda Kahlenberg	02.03.1943
Ursula Mansberg	02.03.1943
Ilse Hesse	02.03.1943
Paula Willon	17.05.1943
Salo Kahlenberg	11.06.1943
Norbert Hesse	10.07.1943
Julius Stern	10.01.1944

Hedwig Mansberg	15.05.1944
Max Willon	29.09.1944
Inge Stern	01.10.1944
Karl Lorig	16.10.1944
Fanny Mansberg	22.10.1944
Berta Stern	08.05.1945
Paul Mansberg	31.12.1945
Tzipora Goldmann	für tot erklärt
Helga Heilbronn	für tot erklärt
Johanna Stern	für tot erklärt

Bergen-Belsen

Ludwig Goldschmidt	02.03.1943

Chelm II

Emanuel Mansberg	06.12.1940
Rosel Panitsch	07.05.1942
Nathan Panitsch	07.05.1942

Emma Baer	1942
Jenny Benjamin	07.05.1942

Dachau

Siegfried Goldschmidt	18.01.1945

Litzmannstadt/ Lodz

Emanuel Wolf	1941
Erich Wolf	1941
Isaak Eichengrün	25.10.1941

Minsk

Emma Stamm- Goldschmidt	1942
Josef Henochsberg	1942
Martin Löwenstein	20.07.1942
Manfred Löwenstein	20.07.1942

Salomon 'Rebbens' Goldschmidt	22.10.1944
Johanne Löwenstein	31.12.1945
Ernestine Jacob	
Israel Goldschmidt	
Siegfried Löwenstein	
Dora Stern	
Sara Henriette Moll	

Riga

David Löwenstein	1941
Denny Zimak	26.02.1942
Karoline Heumann	für tot erklärt
Siegmund Stern	für tot erklärt

Stutthof

Fritz Goldschmidt	1944
Grete Löwenstein	01.10.1944
Ruth Frank	03.11.1943
Kläre Löwenstein	1944
Selma Stern	21.12.1944

Mathilde Goldschmidt	02.01.1945

Theresienstadt

Helene Löwenstein	1941
Julie Cohen	1942
Julius Elsbach	1942
Johanna Löwenbach	08.08.1942
Moses Weinberg	19.08.1942
Aron Mansberg	27.08.1942
Johanna Mansberg	04.09.1942
Benjamin Stern	23.09.1942
Sara Stern	02.11.1942
Moses Eichengrün	21.01.1943
Lina Stern	24.01.1943
Friederike Hesse	07.03.1943
Sara Wortsmann	17.03.1943
Bertha Eichengrün	19.04.1943
Israel Silbermann	08.09.1943

Adolf Stern	04.12.1943
Sophia Ruhstädt	09.12.1943
Sarah Kahlenberg	19.05.1943
Herman Bachenheimer	06.05.1945
Frieda Isaak	08.05.1945

Treblinka

Rosa Süßmann	23.09.1942
Louis Frank	23.09.1942
Phillippine Paula Friedländer	31.05.1945

Quellenverzeichnis:

1. „Der gelbe Stern" Die Judenverfolgung in Europa 1933-1945" Hamburg 1960 ff., TB-Ausgabe, München 1987 Autor Gerhard Schoenberner

2. „Juden in Brilon" Herausgeber: Demokratische Initiative Brilon, Redaktion: Sigrid Blömeke u.a.

3. „Kehren die Opfer des Holocaust wieder?" Autor: Yonassan Gershom,
erschienen bei: Rudolf Geering Verlag

4. „ Jüdisches Leben in Alme, Altenbüren, Brilon, Messinghausen, Rösenbeck, Thülen"
Autorin: Ursula Hesse,
Herausgeber: Stadt Brilon

5. „Oh, meine Ahnen" Autorin: Anne Ancelin Stützenberger, Carl Auer Verlag

6. Original-Briefe meiner ermordeten Familienmitglieder an meine Tante.

7. „Die 72 Namen Gottes" Meditationskarten, Autor: Yehuda Berg, Deutsche Ausgabe: Hans Nietsch Verlag

8. „Gedenkbuch Opfer der Verfolgung der Juden unter nationalsozialistischen Gewaltherrschaft 1933-1945" 2. Erweiterte Auflage, bearbeitet und herausgegeben vom Bundesarchiv, Koblenz 2006

Irgend

Irgendwie muss doch

Irgendwer

Schon

Irgendwas

Gewusst haben.

Irgendjemand

Hat bestimmt

Irgendwem

Etwas erzählt.

Irgendeiner hat doch

Irgendwo

etwas gesehen oder gehört?

Es war doch nicht

Irgendwer

In irgendwessen Auftrag.

Irgendwann

wird es

Irgendeine

Irgendklärung geben.

Herstellung und Verlag:
BoD – Books on Demand, Norderstedt
ISBN 978-3-7322-4513-0